Novas Atrações!

澳門

2024~25 最新版

旅遊新情報

Leo@yoliving 著

知出版

推薦序

西 DorSi

首先要跟 Leo 兄說聲不好意思。

話說去年書展過後，知出版本來是邀請我與 Leo 兄合作撰寫此書，但後來因為工作太過繁忙，沒有履行承諾，讓他獨自肩負完成這本著作的任務，十分抱歉。

雖然沒有了我的參與，但有 Leo 兄這位澳門旅遊專家執筆，相信此書仍是各位前往澳門旅遊的必備工具書。我眼中的 Leo 兄是一位很喜愛考究澳門歷史以及飲食文化的專家。每次去澳門探望他，他都會帶我去吃一些很地道的餐廳，然後向我娓娓道來餐廳背後的人情物事；每點一道菜，也會跟我細說菜式的源起及做法，這家餐廳的出品與其他餐廳的差異。印象最深刻是有一次他帶我到一家土生葡菜餐廳，他語帶激動跟我說：「現在很多人都不知道葡國菜與土生葡菜的分別，土生葡菜才是讓澳門成為美食之都的原因！」之後就開始講解誰是土生葡人、澳門政府近年如何推廣土生文化等等，實教我聽君一席話，勝讀十年書！

由於 Leo 兄正在營運澳門首屈一指的網站平台 Yoliving，甚至多次為澳門各部門拍攝宣傳澳門的影片，因此在澳門旅遊及餐飲業界有舉足輕重的地位。每逢澳門有新景點或餐廳開業，他體驗過覺得不錯的話，都會第一時間跟我分享。所以無論是澳門的新舊資訊，Leo 兄都是瞭如指掌。

礙於篇幅所限，本書未能將 Leo 兄在澳門的所見所聞一一盡錄，但仍然輯錄了不少具代表性的景點和趣事。除了適合對澳門不甚了解的人士作為「盲公竹」，即使你自認是澳門「地頭蛇」，閱畢此書應該也會有所得益。亦由於 Leo 兄真的很愛說故事，各位不難發現此書其實更像一本遊記，很適合追求深度遊、挖掘埋藏在景點背後秘密的人士。在此真誠推薦此書給各位讀者。

作者序

Leo@yoliving

沒想到就在我的 YOLIVING 網站平台創辦十週年之際，我的老友西 DorSi 給了我一份禮物，也為我帶來一個重要任務，就是要我寫一本書，一本介紹澳門最新旅遊好去處的書。畢竟港澳停航了一段很長的時間，而澳門這幾年的店家也產生了從內而外的深刻轉化，也是時候向各位更新一下了！

本來以為這是一個簡單任務，想不到澳門不僅在過去幾年有翻天覆地的改變，特別在開關之後的一年，更親眼見證「新店剛開幕甲醛還未除，裝修師傅又要來度尺了」的急速變化。記得我和西 DorSi 一起到橫琴勵駿龐都內的商場，見到最震撼的一幕是商場內長達十多米的裝修圍板上寫着「To be or not to be 存在或是不存在，這是一個值得思考的問題」，相信這是從小老闆到百億商場老闆在這幾年內不斷思考的靈魂拷問。而我在這長達半年的探店訪問過程中，亦觀察到不少店家在作出不同程度的掙扎，該加價還是倒店呢？有的店提早榮休，也有些店乘勝追擊，從小店搬到更開揚的店面。面對種種變化，就連澳門本地人也問我現在大家都去哪裏吃呀？

然而，我寫本書的時候是用一種帶朋友來澳門玩的心情，挑選一些比較有特色，或者大家都熱烈討論的餐廳和景點，分享一下我的感受。本書並不是甚麼旅遊大全或旅遊字典，這只是我的旅遊筆記，記錄我看待每一家店的心情。有最隱世的地道小吃，也有澳門最奢華的活動場所；有澳門最具代表性的土生葡菜，也有我從各路名廚取經回來關於澳門葡菜的小故事，從不同角度去展現一個立體的澳門；也有近年與澳門深度合作，備受各界高度關注和熱烈討論的橫琴主要區域，為各位一一探索。無論你喜歡窮遊，或者豪華遊，甚至只想從書中一窺澳門與橫琴的最新風貌，都可以拾起本書來翻一翻。

目錄

益隆炮竹廠舊址

澳門巴士資訊可掃描右方 QR code。

分區地圖

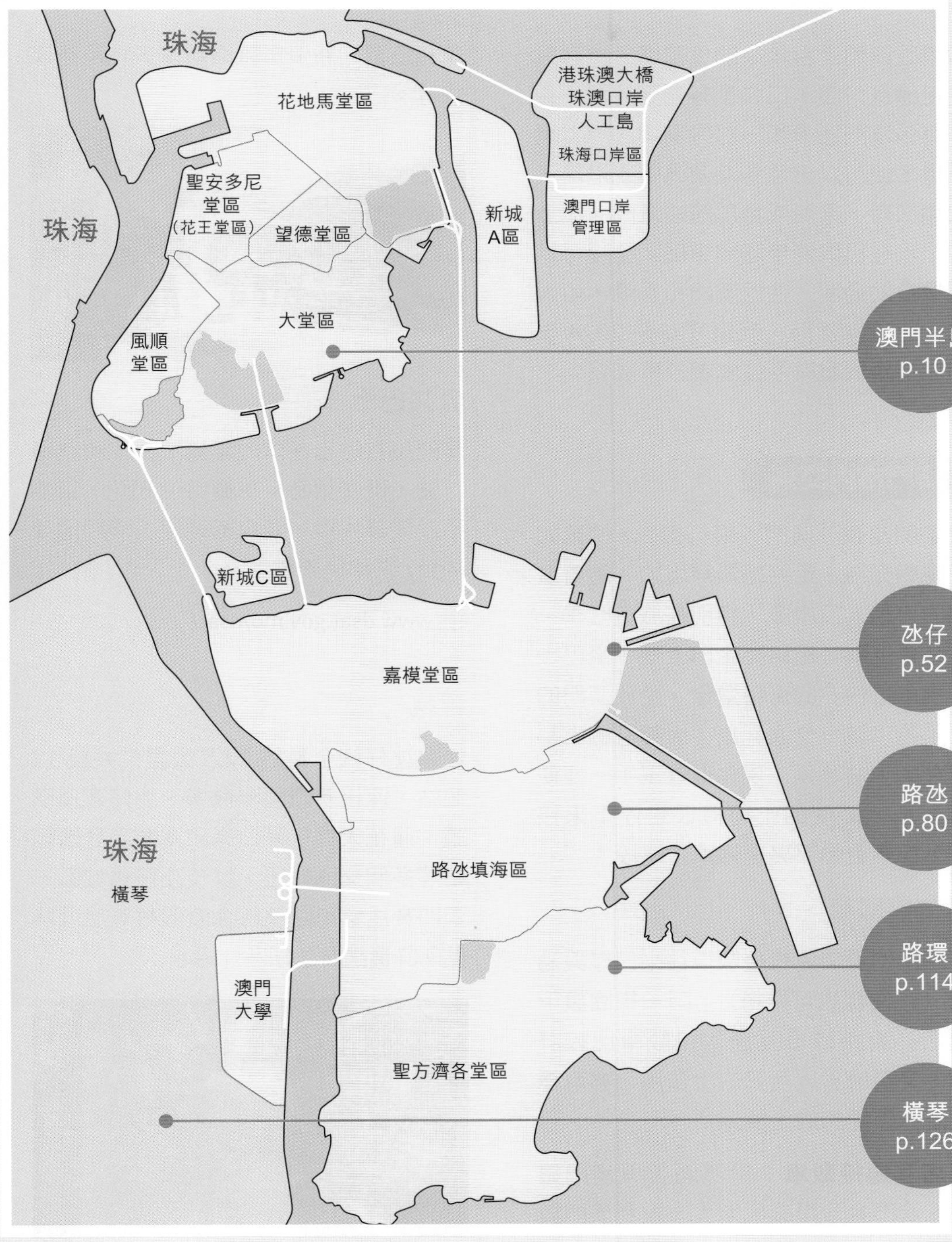

珠海
花地馬堂區
港珠澳大橋
珠澳口岸
人工島
珠海口岸區
澳門口岸
管理區
聖安多尼
堂區
(花王堂區)
望德堂區
珠海
新城
A區
大堂區
風順
堂區
澳門半島
p.10
新城C區
氹仔
p.52
嘉模堂區
路氹
p.80
珠海
橫琴
路氹填海區
路環
p.114
澳門
大學
聖方濟各堂區
橫琴
p.126

最新澳門旅遊須知

香港跟澳門近百年來關係密切，遊客只要帶備身份證，口袋裏有充足鈔票，最好有張澳門通卡和一部粵港澳三地上網手機，便可以出發到港澳碼頭或港珠澳大橋口岸，乘船或金巴前往澳門。加上澳門現在已取消申報健康碼，全程可以選擇自助通關，往返澳門和香港，如入無人之境。然而，我還是有些 2024 年的旅遊新情報與各位讀者分享。

澳門市內交通

很多朋友說「澳門人很行得」，的確如果時間充裕，走路是最舒坦的。隨着澳門的流動人口增多，特別在旅遊旺季，往往會見到「走路比坐巴士快，坐巴士比搵車位快」的奇特景象。至於澳門的士，為了減少交通亂象，大部分的士都要在的士站等候，現在很難玉手一揮便能上車，即使的士司機很想停下來接客，都要看看那裏是否繁忙路段。

酒店接駁車

善用澳門酒店免費接駁車往來口岸與酒店（非住客也可乘搭），同一集團旗下酒店亦有接駁車互通。接駁車比較舒適，又可節省近百元的士費用，亦可釋放十分緊絀的的士資源。

酒店互通接駁車：星際酒店與澳門銀河、澳門金沙與威尼斯人、永利澳門與永利皇宮、新濠影匯與新濠天地及新濠鋒等。

公共巴士

澳門設有巴士在澳門半島、氹仔和路環行駛，班次頻密。車費每位 6 元，車上不設零錢找換，要自備硬幣、澳門通或 Mpay 乘車碼乘車。

網 www.dsat.gov.mo/dsat/

輕軌

輕軌氹仔線全長約 12.5 公里，共設 12 個站，連接澳門國際機場、氹仔客運碼頭、蓮花大橋橫琴口岸和澳門半島媽閣站等多個交通樞紐，以及氹仔舊城區、澳門賽馬會和路氹綜合渡假村等旅遊熱點。詳情請看氹仔區介紹。

的士

澳門的士於 2024 年農曆新年起調升的士收費，首 1,600 米由 19 元加至 21 元，之後每 220 米 2 元，停車候客每分鐘 2 元，放置在車尾箱之行李每件 3 元。

電召 plus

從澳門往路環，或在澳門國際機場的士站、氹仔客運碼頭的士站、橫琴島澳門大學校區、橫琴口岸澳門口岸區、路氹邊檢大樓的士站和港珠澳大橋澳門邊檢大樓乘車，除了車資，另收附加費 8 元；氹仔往路環加收 2 元。由澳門往氹仔或由兩離島返回澳門，則毋須附加費。

可電 (853)8500 0000 或 (853)2828 3283 召車，或下載「電召 Plus」網上召車。

支付方式

現金

雖然澳門仍然歡迎使用港幣和人民幣，不過現在很多商店為了方便計價，港幣、澳門幣和人民幣匯率都是 1:1:1，而且找贖都會找回澳門幣，所以為免吃虧，可預先準備足夠澳門幣零錢，或使用 Mpay、電子支付。

澳門通實體卡

由於疫情期間澳門首波派發消費補助是透過澳門通支付，所以現在絕大部分商戶都設有澳門通機台。

使用澳門通的好處是，乘坐巴士在一定時間內轉乘是免費的，而且通過實名認證後，即使遺失卡片，報失也有保障。

現在澳門輕軌也可以使用澳門通實體卡，但是沒有轉乘巴士優惠。

網 www.macaupass.com

澳門通
歡迎使用
CTM
Tempo
龍角散

澳門通可以在哪裡買？
可以在澳門通的三家門市，以及全澳的 7-11 和 OK 便利店購買，售價為 130 元，內有 100 元充值金額，30 元卡費不可退還。

澳門通可以在哪裡辦理實名認證？
現在憑可接收驗證碼的手機號碼便可在澳門通三家門市辦理實名認證，包括澳門、香港或中國內地的手機號碼。

澳門通實體卡最高能儲值多少？
澳門通舊版實體卡最高儲值 1,000 元，新版 3,000 元。

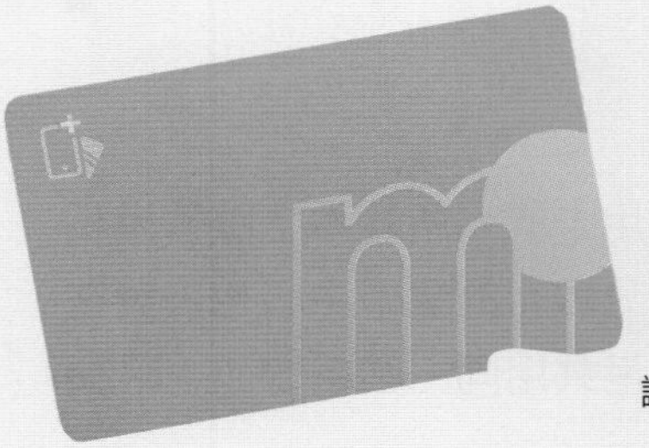

新版本會有 NFC 標誌以作識別。

2024 年 2 月 1 日起推出新版澳門通，支援 NFC 聯動 Mpay 雙向加值功能，最高可以儲值 3,000 元，又可以透過 NFC 觸碰手機儲值到 Mpay 中，亦可利用手機為澳門通卡增值。

電子支付

Mpay

澳門金管局正推行「聚易用」，同時整合多家銀行以及 Mpay 的電子支付，所以澳門大部分商戶都可以支援本地各種電子支付方式。

最新版本的 Mpay 已加入 Alipay +，可以讓 Mpay 在澳門以外地區，包括中國內地、香港、英、美、日、韓等 44 個地區使用。Alipay HK 亦可在澳門的 Mpay 機台中使用，不過請注意先設定使用地區為澳門。

澳門大部分商戶亦支援國內已綁定及開通境外支付的微信支付和支付寶。

澳門的士未必完全接受電子支付，部分只接受 Mpay 或中銀，所以還是準備點現金比較穩妥。

向商家付款
設置
澳門地區
澳門境外 via Alipay+
Alipay+
中國內地

信用卡

澳門使用信用卡的場所基本上跟香港相近，甚至部分銀行的發卡中心也是設在香港，與香港共用同一套系統。

上網

除了酒店，澳門政府在全澳多個地點提供免費 Wi-Fi 上網，只要搜尋到載有 "FreeWiFi.MO" 的網絡名稱，並進行連線，即可不限連線次數享用每天累計不少於 30 分鐘的免費 Wi-Fi 服務。

澳門巴士亦有提供免費 5G 上網服務，只要在巴士上搜尋 "Bus-Free-WiFi"，按照頁面指示登錄便可上網。

除了以上免費方法，也可在各大口岸和便利店購買充值電話卡，可同時於澳門和內地使用。

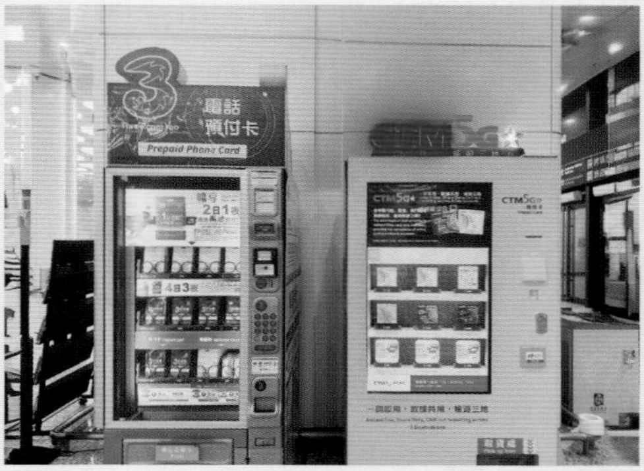
電話預付卡
Prepaid Phone Card

訂酒店

一般旅行家

基本上澳門大部分酒店在攜程、飛豬、agoda 上都可以搜尋到不錯的價格。

進階旅行家

常聽到澳門的旅行社會提供優惠價格，活力旅行社是其中一家，在這裏訂自助餐會比外面便宜幾十元，又或者有些限時又便宜的特別房型。不過我之所以稱為進階，是因為它有一定局限性，只有幾家合作酒店提供優惠，所以間中留意其微信朋友圈或手機 App，或有驚喜。

另外有酒店 Sales 透露，酒店官網有時推出的住宿套餐優惠會比平台划算，例如買二送一，買兩天多送一晚，又或者住宿送晚餐或演唱會門票等。

橫琴旅遊須知

交通

目前香港可以經陸路到達港珠澳大橋珠海口岸，或從港澳碼頭乘船到達珠海九洲港，再轉的士或網約車前往橫琴。

澳門目前有 4 個陸路口岸，其中橫琴口岸與青茂口岸支援一地兩檢，往內地時用回鄉證、返澳時用澳門或香港身份證，快速且方便。旅客若對巴士路線不熟悉，可善用酒店接駁車往返橫琴口岸。

關閘

址 澳門關閘廣場
時 06:00~01:00
交 酒店接駁車、巴士、的士

港珠澳大橋澳門口岸

址 港珠澳大橋澳門邊檢大樓
時 珠澳旅檢大廳：08:00~22:00，港澳旅檢大廳：24 小時
交 巴士、的士

橫琴口岸澳門口岸區

址 橫琴口岸澳門口岸區
時 24 小時
交 酒店接駁車、巴士、的士、輕軌轉巴士

青茂口岸

址 青茂口岸澳門邊檢大樓
時 24 小時（僅限符合條件的內地和港澳居民通行）
交 巴士、的士

國內上網

橫琴商圈之間比較廣闊，能提供 WiFi 的商家距離亦遠，若有電訊商的灣區數據計劃會比較方便。此外也可在澳門各口岸或便利店購買三地數據通用的點數卡。

有用 App

地圖

國內的地圖 App 具有網約車功能，例如在百度地圖搜尋相關地點後，便可召車，不過需先綁定電子支付。

百度地圖

酒店

携程、飛豬、去哪兒旅行

飛豬

MAP

珠海
紀念孫中山
市政公園
關閘
邊檢大樓
拱北口岸
青茂口岸
澳門邊檢大樓
聖若瑟大學
澳門皇冠
假日酒店
望廈炮台
北區
望廈
迎賓館
普濟禪院
通訊
博物館
三盞燈
中區
白鴿巢公園
盧廉若公園
二龍喉公園
大三巴
南區
外港
客運碼頭
皇朝區
議事亭前地
漁人碼頭
伯多祿五世劇院
聖若瑟修院藏珍館
聖老楞佐堂
英皇
娛樂酒店
鄭家大屋
宋玉生公園
主教山
聖堂
海事
博物館
媽閣廟
南灣湖
西望洋
觀景台
媽閣
媽閣炮台
西灣湖
澳門輕軌
氹仔線
嘉樂庇總督大橋
西灣大橋
融和門
澳門
旅遊塔
↓往氹仔

澳門半島

往港珠澳大橋

澳門新城
A區

以前很多人說遊覽澳門一天就夠，不過近年澳門在旅遊上發展出很多「支線任務」，例如現在遊完大三巴，會轉落關前街打卡，飲杯手沖咖啡，經過草堆街，看看近年修復孫中山先生行醫過的中西藥局，再順路去十月初五街的康公夜市。又或者吃吃澳門特色嚤囉雞飯，順便逛逛塔石藝墟，再看看附近的名人故居，晚上再品嚐街坊版的土生葡菜。這種多元的旅遊方式，或許正是官方所說「適度多元的世界旅遊休閒中心」吧！

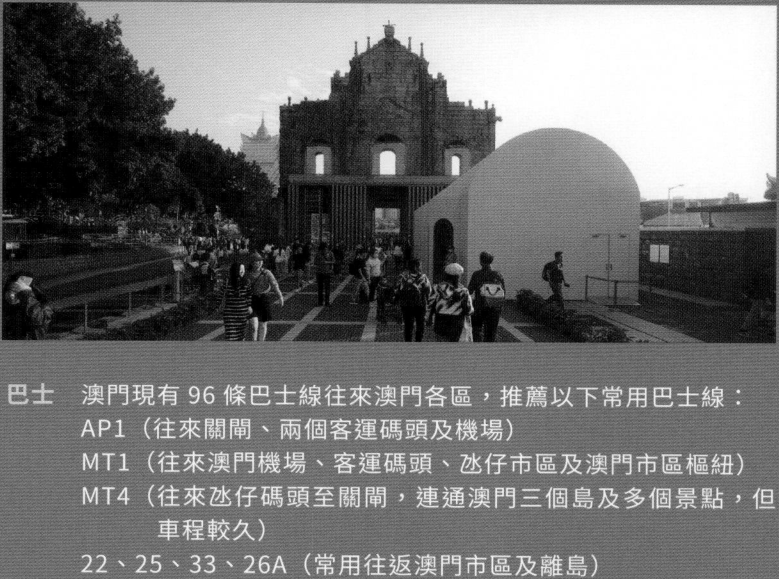

交通

巴士 澳門現有 96 條巴士線往來澳門各區，推薦以下常用巴士線：
AP1（往來關閘、兩個客運碼頭及機場）
MT1（往來澳門機場、客運碼頭、氹仔市區及澳門市區樞紐）
MT4（往來氹仔碼頭至關閘，連通澳門三個島及多個景點，但車程較久）
22、25、33、26A（常用往返澳門市區及離島）

的士 澳門半島目前有三十多個的士站，分佈於各大博物館、酒店和醫院附近，另外也推薦幾個常用區域的士站，包括南灣大馬路（近澳門商業銀行）、嘉路米耶圓形地（近三盞燈）、提督馬路（近紅街市）、媽閣交通樞紐。

輕軌 2023 年年底澳門輕軌媽閣站開通，只需 4 分鐘可到達氹仔海洋站。

MAP

沙梨頭北街
老記粥麵
3
1
俾若翰街
寬窄巷子
2
飛喇士街
Dino Bu
DON DON DONKI
澳門船澳街
海灣南街
Jollibee
東方海岸
梳打冰
新龍記
林茂海邊大馬路
林茂兒童遊樂場
雅閣茶餐廳
聚龍軒
罅些喇提督大馬路
鏡湖馬路
沙梨頭海邊街
港灣大酒店
青洲灶記咖啡
雅佳茶餐廳
威記牛什小食
沙梨頭圖書館
大纜巷
蓮香麵家
白鴿巢公園

❶ 銀座燒肉 ❷ 葡角餐廳 ❸ 無二湯包

安
室
白朗古將軍大馬路
燈
廳
Mr. Lady Cafe
龍華茶樓
紅街市
雅廉訪大馬路
連勝馬路
高士德大馬路
富記粥品
竹林寺
馮記三盞燈
豬腳姜家
小食店
三盞燈
牛仔屋麵食
雅馨緬
甸餐廳
馬慶康南天
咖啡室
渡船街

北區

北區筷子基是近年新一代食肆發展最快的區域，這一帶是 1940 年代造地填海而成，現已成為澳門內港的一個小港灣。1990 年代由木屋區慢慢轉型成大廈林立的新社區，也是當時很多工人和年輕人在此宵夜吃骨煲的大牌檔集散地，所以很有可能筷子基就是澳門骨煲的發源地。

近十年隨着配套完善的大型屋苑落成，新興食肆如雨後春筍般在筷子基南灣一帶林立，由綠楊花園休憩區至擎天半島一帶有百多家新興食店，中、葡、日、韓、台、廣東、福建、潮汕美食數之不盡，近年比較有名的食店有：達摩食堂、Honest Bakery、鍋鍋掂、滋滋啫啫、Chill 丘、弘大韓國 BBQ、兜兜火鍋專門店、寬窄巷子等等都在朋友圈中口耳相傳。在云云食肆中，我推薦三家比較新和特別的餐廳。

交通

巴士	1A、4、32、33 →	筷子基總站
	71S、101X、MT4 →	船澳街
	101X、1A、32、51A、5X、MT4、N2 →	俾若翰街 / 綠楊花園

銀座燒肉

2023 年 7 月

OPEN

銀座燒肉

炭火料理專門店

地 澳門俾若翰街395號第二座（利康、利泰閣）地下N座綠楊花園（第一座利康閣）
時 11:30~15:30、18:00~00:00
交 巴士 1A、4、32、33 至筷子基總站，71S、101X、MT4 至船澳街，101X、1A、32、51A、5X、MT4、N2 至俾若翰街 / 綠楊花園

銀
座

店內由牆上的壁畫到餐具都是特別訂做，體現出自主設計的元素。日間店內開揚光猛，中午來吃燒烤可以遠離喧囂。

有朋友跟我說：「這店在筷子基南灣像是漆黑中的螢火蟲，每次經過都很想進去」，可能這條街上多是火鍋、酒吧、燒烤等煙火氣比較重的店，所以這家看起來比較「文青」的炭火料理店映襯得與別不同。我更知道這家店是由一班澳門業內比較有名的設計師開設，近年很多有名的服裝運動品牌與本地設計師聯乘，就是出自這班設計師之手。店面整體設計以橙色為主調，非常突出，加上銀色大企鵝Logo，每次經過都會被吸引。

如果作為與「銀座」掛勾的燒烤店，我覺得在細節上還是有些瑕疵，但是拋開日式傳統準則，看着老闆認真地燒烤，我還是蠻喜歡這裏的用餐氣氛和味道。

我每次來都必點「赤卵漬御飯」，就是雞蛋撈飯加醬油。

午市套餐的安格斯牛扒配飯（88 元）。上菜時牛扒放在烤熱的火山石上，保溫之餘又不會升起滋滋的油煙濺到衣物上。

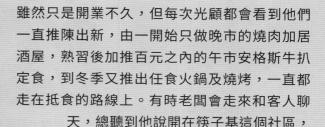

再搭配這裏的招牌「鯖魚一夜干」，這是一種源於日本北海道的特殊製魚方式，吃起來不會有腥味，更能突顯魚肉的鮮味。

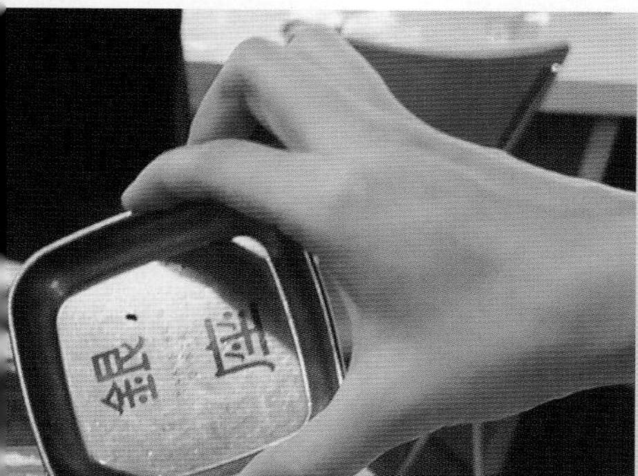

雖然只是開業不久，但每次光顧都會看到他們一直推陳出新，由一開始只做晚市的燒肉加居酒屋，熟習後加推百元之內的午市安格斯牛扒定食，到冬季又推出任食火鍋及燒烤，一直都走在抵食的路線上。有時老闆會走來和客人聊天，總聽到他說開在筷子基這個社區，是想做接地氣的澳門品牌，看來他對待這個烤肉店，像是對待他的設計一樣重視品牌和理念。

傳統燒烤一般分為鹽燒和汁燒，鹽燒考食材原味和燒烤的功力，而汁燒就考醬汁的調配和火候的掌握。這裏的燒烤上菜時會灑上七味粉，帶輕微的辣。

串燒方面牛舌做得比較出色，切得厚實，也很爽口。

OPEN HOURS
11:30 -15:00

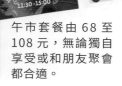

午市套餐由 68 至 108 元，無論獨自享受或和朋友聚會都合適。

葡角餐廳

地 澳門飛喇士街寶翠花園（利星閣）
時 週一至六 12:00~14:30
電 (853)2823 4488
交 巴士 1A、4、32、33 至筷子基總站，71S、101X、MT4 至船澳街，101X、1A、32、51A、5X、MT4、N2 至俾若翰街 / 綠楊花園

探店當天是平常的上班日，但因為客滿，我被帶到近門口的一人座位。看着身旁的烤蘋果機，我好奇問問侍應，他告訴我烤乾的蘋果邊角料是用來沖免費的蘋果茶，蘋果乾則用來做餐後甜點，亦可以在禮品部購買。

個人覺得葡角餐廳更像筷子基區裏的螢火蟲 —— 因為它是扶康會為精神復康人士提供一站式訓練的葡式餐廳。餐廳**推崇健康及營養均衡飲食**，菜式少鹽少油，無添加味精，以天然調味料取代化學添加劑。同時為了保持餐點新鮮及不浪費食材，餐廳內**所有餐點均為限量供應**，同時每兩個月更換一次菜單，處處體現出他們務求服務和食物維持在高品質水平。

餐牌上的套餐每款都是葡國菜中的經典名菜，週六更有葡國乳豬飯。這次我點了 A 餐「會長葡國雞」，以會長冠名的 A 餐應該是他們招牌中的招牌。一大缽的葡國雞分量有點多，也對得起 60 元的價格，味道亦如介紹無添加味精，天天吃也不會膩。

一進入餐廳侍應就跟食客熱情的打招呼並安排座位，還有機械人協助送餐。我知道這種五星級的服務背後是有高人指點，過去澳門美高梅的餐飲團隊有為他們進行接待培訓，而美高梅的廚師亦有傳授一些甜點的製作技巧，這令我想起之前網上有爆紅的澳門美高梅主廚級炸雞，現在這裏則有澳門美高梅主廚級的社企葡國餐，多了一份人文關懷。

MGM

禮品部對面還有一個小角落出售澳門美高梅捐贈的房間沐浴露、洗髮水和護手霜作為機構補貼，一套三支才 15 元，如果家裏剛好合用，在這裏購買既划算又可以行善。

無二湯包
OPEN

2023 年 7 月
OPEN

無二湯包

地 澳門筷子基快達樓地下
時 10:00~21:00
電 (853)2847 3661
交 巴士 1A、4、32、33 至筷子基總站

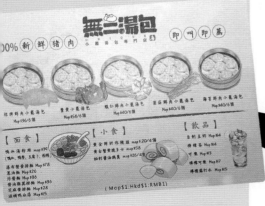

無二湯包
小籠湯包專門店
00% 新 鮮 豬 肉
即 叫 即 蒸
招牌鮮肉小籠湯包 Mop$36/6個
蟹黃小籠湯包 Mop$58/6個
蝦仁鮮肉小籠湯包 Mop$40/6個
菌菇鮮肉小籠湯包 Mop$40/6個
海苔鮮肉小籠湯包 Mop$40/6個
【面食】
鴨血湯粉絲 mop$39
蔥油麵 Mop$26
炸醬麵 Mop$36
芝麻醬撈麵 Mop$28
滋補鴨血湯 Mop$15
【小食】
黃金鮮奶炸饅頭 mop$20/4個
黃金蟹黃脆多士 mop$58
【飲品】
自制豆奶 Mop$14
檸檬茶 Mop$14
可樂 Mop$13
檸檬可樂 Mop$17
檸檬蘇打水 Mop$15
(Mop$1:Hkd$1:RMB1)

此店原來是澳門原創品牌，菜單上五款小籠包除了招牌鮮肉小籠湯包、蟹黃小籠湯包和蝦仁鮮肉小籠湯包是傳統口味，另外的菌菇鮮肉小籠湯包和海苔小籠湯包則是原創口味。

最近經過筷子基的快達樓，總會被「無二湯包」這幾隻字吸引，澳門能吃到小籠湯包的地方有很多，但專門做湯包的地方印象中不多。有次好奇入內一試，簡單的店面，簡單的湯包吃得我很舒服。到底怎樣是舒服？只要那個湯包的色、香、味、溫度、用餐過程能讓我感到愉悅，就為之「舒服」。可惜我不是上海人，不然我會大叫「呀～那是我們小時候城隍廟門口的味道」，不過這湯包的手工和味道已經很不錯了。

招牌蟹黃

蟹黃小籠湯包（58 元）

湯包要做到皮薄而且內裏掛湯，入口時微微燙嘴，這便是讓我感到舒服的湯包，可惜這個要求已經可以淘汰很多店家了，現在很多店舖會用小碟或者錫紙托着湯包，就是怕湯汁漏出來。後來經媒體朋友打聽，原來這裏的廚房由資深的江南湯包老師傅主理，麵粉的比例和韌度都掌握在自己手上，所以湯包的皮薄而湯汁不漏。

另一道招牌菜鴨血湯粉絲（39 元）是南京小吃，主要材料有粉絲、鴨血、鴨腎及豆腐卜，最後灑上香菜。粉絲量很多，湯頭很清，喝完不會口乾；特別提這一點是因為我喝過別家的會口乾，所以比較在意。

MAP

竹林寺
馮記三盞燈
豬腳姜家
高士德大馬路
俾利喇街
雅廉訪大馬路
阿維斯咖啡
七賢小食店
三盞燈
富華酒店
8
雅馨緬甸餐廳
渡船街
強記粥粉麵
聯記麵家
馬慶康南天咖啡室
賈伯樂提督街
肥利喇亞美打大馬路
M2
Kitchen
Mr. Lady
Cafe
5
Goat
Bakers
澳門
演藝學院
巷仔冰室
10
葉挺將軍故居
新鴻發
咖啡美食
盧廉若
公園
Jūbilo 31
Books
疊記
咖哩麵食
澳門國父
紀念館
消防博物館
澳門
茶文化館
亞豐素雅布基街
饒宗頤學藝館
澳門文學館
塔石藝文館
葡語國家
食品展示中心
澳門
中央圖書館
得勝
花園
聖味基墳場
塔石街
6
7
瘋堂十號
創意園
4
ALBERGUE
1601
瘋堂斜巷
望德聖母堂
得勝馬路
Bricks
Coffee
Wonderwall
Coffee
Single
Origin
粵華中學
大炮台
迴廊
塔石
體育館
東望洋燈塔
打鐵豆花
禮記雪糕
飲冰專家
華士古
達嘉馬花園
澳門
皇都酒店
東望洋
酒店
東望洋斜巷

❹ Dino Burger ❺ 貓哥小店 ❻ 塔石廣場 ❼ 萬象畫廊書屋（塔石店）
❽ 牛仔屋麵食 ❾ 窩姿美食 ❿ Mind Cafe

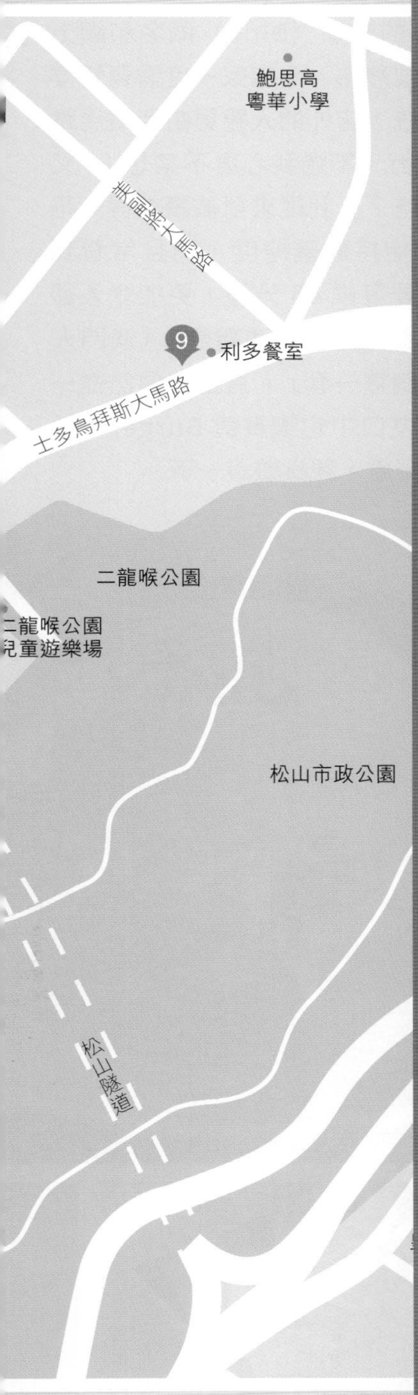
鮑思高
粵華小學
美副將大馬路
9
利多餐室
士多鳥拜斯大馬路
二龍喉公園
二龍喉公園
兒童遊樂場
松山市政公園
松山隧道

中區

由於澳門官方是以教堂的堂區來劃分區域，所以澳門人對於中區的概念比較模糊，有些人會認為板樟堂一帶是澳門的中區，因為那裏曾是澳門的政治和經濟中心，但隨着路氹城、新口岸的發展，以及各個行政機關的遷移，澳門塔石廣場成為連接澳門半島南北區的重要樞紐。

在文化角度，塔石廣場所處的荷蘭園一帶亦是連接東西方文化的交界，過去從東望洋山有一古城牆經雀仔園連接至大炮台，而這道城牆有一城門，名為「水坑尾門」，位於今天水坑尾與雀仔園交界，水坑尾門以南是葡人可以居住的地方，水坑尾門以北就是華人聚居的龍田村，所以塔石廣場以北有很多華人名人的故居，如盧家的盧廉若公園、孫中山故居、葉挺將軍故居等古蹟。因此本書中的中區是指以塔石廣場為中心、位於澳門半島中部的區域。

交通

巴士 12、18、18B、2A、7、8、8A、9、9A、H2、22、25、25B ---→ 塔石體育館

目前 Dino Burger 有 5 家分店，總店以外，氹仔店是最受歡迎的分店。

dino
Burger

Dino Burger

地 （總店）澳門西墳馬路富安大廈地下C（荷蘭園 OK 轉上斜路）
時 12:00~19:00
交 巴士 12、18、18B、2A、7、8、8A、9、9A、H2、22、25、25B 至塔石體育館

dino
THE Best Burger

Dino Burger 主打外賣，可透過微信小程序搜尋 Dino Burger 預先點餐，可以選擇外送或自取。據說製作需時，非繁忙時段點餐大概等 20 分鐘，做好會收到訊息提示。

Dino Burger 在疫情期間開業，被追捧為澳門最好吃的漢堡。近日因與韓團 Seventeen 的李燦（Dino）同名和網上曬圖而再度被炒熱，令店家一度需要暫停網上點餐系統，店外的人龍更由西墳馬路排到上和隆街。不過我心裏不禁想：「又是澳門最好吃？」我從來對被讚美得天花亂墜的事物抱持觀望態度，而且常看到網上評價需要等候 45 分鐘，更加令人卻步，有位餐飲業經營者也曾說：「澳門人不吃飢餓行銷這一套」。直至我偶然從一個可靠的朋友口中也讚賞這 Burger，於是我為釋除疑慮，親身驗證一下。

dino

以加州最有代表性的 In-N-Out Burger（左）與 Dino Burger（右）作參照對比。

有人說 Dino 賣的是傳統美式 Burger，但我感覺又不太像，打開漢堡一看：「是烤洋葱！」若果拿着這個問現代美國人這是不是美式漢堡，應該大多數不會認同，因為美式漢堡一般不會把蔬菜煮熟。

包裝整潔企理。

朋友也推介這裏的薯條，不僅炸得香口，味道上除了鹽還加入了特別配方，有點像 Shack Shack 薯條的味道。取餐時才幫客人將薯條入袋，縮短軟化時間，非常細心。

有人認為 Dino Burger 是**澳門漢堡包的天花板**，我想是因為不僅製作認真，用料好，包裝也很企理，他們真的能還原一個漢堡包該有的樣子，現在市面上大部分的漢堡包不知道是基於成本考量還是製作時間的壓縮，變得很「走樣」，最起碼有些品牌的成品跟宣傳照相去甚遠，這點 Dino Burger 在漢堡包的顏值上把關得甚好。

味道好的漢堡在澳門人外有人，天外有天，但百元之內的漢堡，Dino Burger 是做得不錯的。

小知識

大部分人認知的美式漢堡應該會是麥當勞、In-N-Out Burger、Five Guys 等模樣，不過原來這種有烤洋葱的漢堡的確源自美國，名為“Depression burger”（大蕭條漢堡）。它出現在美國 1930 年代的經濟大蕭條時代，當時百物騰貴，牛肉也漲價，由奧克拉荷馬州開始就流行這種加了烤洋葱的漢堡，除了可以將漢堡包撐大，也比較飽肚，因此在短短 10 年間相當流行。不過在 1950 年代隨着麥當勞出現，供應有新鮮洋葱、番茄、青瓜等的漢堡包，大蕭條漢堡便逐漸沒落。而 Dino 的招牌漢堡也是於疫情期間爆紅，突然令我感嘆歷史總是出奇地相似。當然他們也有幾款漢堡包是有新鮮番茄，也有像 In-N-Out Burger 的隱藏餐單：完全沒有碳水化合物只以蔬菜包裹的暴龍堡。

貓哥小店的名字源於店主爸爸的暱稱，店主一家亦喜愛貓，故此而得名。

BRO MAO
貓哥小店
P
MOTOCICLOS

Bro Mao 貓哥小店

地 澳門美的路主教街 42 號美安大廈
（分店）澳門騎士馬路 49 號

電 (853)2856 3757
（分店）(853)2853 3521

時 07:30~18:00

交 巴士 17 至賈伯樂 / 沙嘉都喇，7、8 至歸僑總會

除了貓貓主題出品，貓哥小店的小炒也做得不錯。黑椒牛柳絲炒麵能做到乾濕分離，牛柳絲香辣，炒麵也煎得夠脆。

有一點必須要為貓哥小店澄清，它是一家正經八百的咖啡室，只是貓哥多了一顆少女心，因為一系列貓貓下午茶而火紅了。貓哥小店的菜系亦十分多元，有台式、粵式和葡式土生菜，亦符合澳門咖啡室不拘一格、包羅萬有的特點。

小貓總匯三文治是最近推出的新品，麵包也有很可愛的貓貓元素。

原來貓哥做澳葡菜也有一手，其嚸囉雞飯（45 元）亦獲得澳門嚸囉雞飯關注組蠻不錯的評價。我自問對嚸囉雞飯的鑽研沒有關注組達人們來得深，唯有轉述他們對這裏的嚸囉雞飯的觀點：貓哥的嚸囉雞飯難得地集齊市面上少見的麵包粒、

台灣地道小吃刈包是將發酵的麵餅從中間割開一條缺口蒸熟後，再夾入焢肉、酸菜及其他餡料，所以又稱「割包」。貓哥的刈包（25元）是貓掌肉球形狀，再夾入雞扒或豬扒餡料。此外還有傳統焢肉、牛舌、肉鬆芋泥口味，再配番茄、生菜，有點像漢堡包，可說是源於台式，成於澳門的貓哥刈包。

此外還有芝士吞拿魚貝果（22元），連貝果也有貓貓造型。

花貓吐司（18元）是花生醬加煉奶的貓臉造型吐司，還有三色貓吐司是榛子醬、花生醬加煉奶，白白貓吐司則只有煉奶。

焦糖雞蛋布甸拼雪糕（32元）。

火腿絲和提子乾這三種被稱為嚤囉雞飯三劍俠的配料，麵包粒仍保持香脆口感。沒有辣味的嚤囉汁每一口都帶有椰蓉那種沙沙的口感，黃薑飯香味充足、硬度適中，配合嚤囉汁十分下飯。

小知識

甚麼是嚤囉雞飯？

嚤囉雞飯是一道澳門土生菜，是葡萄牙人用在地食材為駐守澳門摩爾士兵做的菜式，以解他們的思鄉之情，這有點像發明非洲雞的時空背景。以黃薑粉、椰蓉、提子乾等做的香料飯配上煎雞扒而成。這道嚤囉雞飯發展至今已生出無數版本，做得好便叫青出於藍、食物多樣性，吃到差的會覺得良莠不齊。

至於「澳門嚤囉雞飯關注組」是一群澳門嚤囉雞飯愛好者近年在社交平台分享嚤囉雞飯消息的群組，希望藉此提升澳門嚤囉雞飯的水平。他們又認為每當有人提起澳門葡菜就會想起葡國雞、非洲雞、乾免牛、馬介休球，卻鮮有人提起嚤囉雞，它同樣是土生土長的澳門菜，也很美味，應該得到關注。我對此也十分認同，因此藉着這個機會向讀者介紹這道地道菜式。

塔石廣場

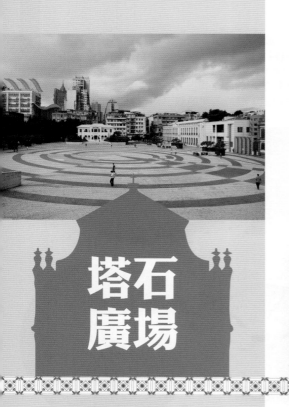

位於松山腳下的塔石廣場是澳門本島的一個重要樞紐，南通望德堂一帶至議事亭前地、澳門博物館及大三巴牌坊，北往青州山、筷子基、關閘口岸。廣場佔地 13,000 多平方米，地面鋪上葡式碎石，四周被澳門新古典主義風格建築群圍繞，包括現文化局大樓、塔石衛生中心、澳門中央圖書館、澳門檔案館、塔石藝文館、澳門樂團總部、饒宗頤學藝館、澳門茶文化館等，統稱為「八間屋」。

塔石廣場是澳門其中一個重要的大型活動地點，塔石藝墟、聖誕市集、農曆春節年宵市場等等都會在這裏舉辦。

交 巴士 12、18、18B、2A、7、8、8A、9、9A、H2、22、25、25B 至塔石體育館

2022 年 1 月

OPEN

萬象畫廊書屋塔石店

塔石廣場商業中心位於廣場南側，因為面向廣場的建築立面由玻璃幕牆組成，故常被人稱為「玻璃屋」。佔地約 700 平方米，當初設計為一座設有餐廳、商店等設施的商業中心，後來幾經易轉於 2022 年成為萬象畫廊書屋。

書屋不但有圖書銷售，還有具澳門及葡語系國家特色的藝術品和文創產品，書屋的二樓也會定期舉辦藝術工作坊。

地 澳門塔石廣場商業中心 R2

時 11:00~19:00

休 週一

中區其他美食推介

牛仔屋麵食

牛仔屋在這一帶開業大概有三十年，我小時候看着它開業，以牛雜和雲吞麵為主打。和一般牛雜檔不同，這裏做的是清湯牛雜，而且煮牛雜的時間也控制得剛剛好，牛雜該爽脆的爽脆，該彈牙的彈牙，清湯更能突出牛雜的味道，牛肚、牛腸、牛膀和牛心樣樣齊，好彩的話還會吃到爽脆的牛心梴。

地 澳門亞利鴉架街 14 號 A 地舖
電 (853)2857 0226
時 09:00~18:00
交 巴士 7、8 至亞利鴉架街

牛雜麵

近十多年他們還做起牛雜打邊爐，一個小小的酒精爐暖着牛雜吃，冬天或者看球賽的日子特別受歡迎，可能老闆喜歡看足球，又或者隔壁有投注站，有時會見到球友在這裏邊打邊爐邊看球賽。

牛雜以外，這裏的雲吞也很出色，很多街坊會買這裏的生雲吞回家灼來吃。堂食也可以拼其他食物，如鯪魚球。

豬紅和咖喱雞也是很多人點的菜式。

中區其他美食推介

在窩婆吃飯就抱着回到外婆家吃飯的心態就可以了，只有老菜式，沒有多大驚喜，合理的味道和合理的收費。在這裏不會有黑松露、金箔、乾冰和 LED 燈，甚至沒有食評的星星加持，不過回家吃飯不就是這樣嗎？

窩婆美食

地 澳門士多鳥拜斯大馬路 67b 號
電 (853)2885 5172
時 12:00~21:30
交 巴士 12、17、22、23 至鮑思高球場，12、17、18A、2、2A、6A 至二龍喉公園

窩婆美食在土生葡人圈子中一直有很高的評價，雖然位置隱蔽，地方狹小，但頗有家的感覺。土生葡人會叫自己的阿婆做阿窩，所以阿窩和阿婆是同一個意思，窩婆美食是為了紀念店主婆婆而得名。窩婆美食就在澳門的退休人士協會旁邊，因為澳門有很多退休公務員是葡人或土生葡人，所以窩婆美食多年來備受這班基礎客群支持。

窩婆的地點比較隱閉，就在澳門士多鳥拜斯大馬路退休人士協會旁的一群大廈的天井中，遠遠看去可能只見到西醫的招牌，再往前走才會看到窩婆美食的指引，再沿樓梯上便是。

煎牛肝（78 元）是在澳門餐飲界消失多年的菜式。以洋葱及牛肝拌着爆炒，是很惹味的一道菜。由於市面上已經甚少看到牛肝，所以這道菜甚少在坊間見到，想不到窩婆仍有提供。

在這裏可以隨意點餐，想吃甚麼就點甚麼，不過我通常會點葡式雜燴（98 元），這裏會叫做豬皮雜燴，就是昔日土生葡菜的過年菜，是葡國版的佛跳牆。這裏的豬皮雜燴做得比較粗獷，豬手和雞塊都切得大塊，蔬菜吸滿燜煮多時的湯汁十分惹味。

窩婆美食的價格很大眾化，單點一杯紅酒也很便宜，雖然不是甚麼高級名酒，不過當你了解到吃葡菜或土生葡菜那種喝紅酒像水一樣的佐餐文化，才能真正體驗本地人的真實生活。偶爾我會在餐飲場合遇到有人對紅白酒就特別較勁，每一滴都要像神之水滴般品嚐，但這裏的紅酒、白酒就是用個三公升的紙盒盛載，像蒸餾水機般打開倒出來。其實土生葡菜的精髓就是源自生活，在這裏無論用紅酒、咖啡或汽水佐餐也是生活的一部分，愈較勁就顯得愈不入流。

甜點也是這裏的重點，葡式焗蛋白和焦糖雞蛋布甸（各 20 元）也是很傳統的甜品。

輕軌媽閣站

輕軌媽閣站於 2023 年 12 月 8 日開通，它是澳門首條輕軌跨海航線，由氹仔海洋站跨海至澳門半島只需 4 分鐘。同時輕軌媽閣站也是個綜合型交通樞紐，站下有停車場及巴士站，接駁至澳門各區。步行距離亦可達下環街，甚至澳門南灣一帶。（媽閣站位置見澳門半島地圖［p.10］）

輕軌媽閣站正對着聖地牙哥古堡酒店，過去因建設交通樞紐而停運三年，於 2023 年 11 月逐步恢復營業。現時餐廳有提供簡單下午茶套餐，可以邊喝下午茶邊坐在古堡酒店的陽台觀看日落景色。

中區其他美食推介

澳門近年湧現了海量 Café，多得如天上繁星，但又在我還未能記住它們的名字前便如潮水般退去。在眾多 Café 中，唯獨讓我念念不忘的便是隱藏在僑樂新街的 Mind Café，它有一個很文青的中文名字「賣・咖啡」。

mind design

Mind Cafe

地 澳門僑樂新街 10 號
電 (853)6524 0396
時 12:00~20:00
交 巴士 17 至賈伯樂 / 沙嘉都喇，7、8 至歸僑總會

走進店內聞到的不是咖啡香而是文青的味道，簡樸的水泥牆帶有濃厚工業風。

Mind Cafe

餐單都寫在黑板上。

黑色幽默（40 元）

這裏的咖啡不走尋常路，不過老闆做正常的手沖咖啡也是很出色的。我每次到訪，老闆都會為我沖一杯「黑色幽默」，這是一杯咖啡界的深水炸彈，咖啡的咖啡因和可樂的咖啡因同時上頭，黑色來自可樂和咖啡的碰撞，幽默來自老闆的創意。

Macanese

男人的浪漫（40 元）

老闆很堅持只為男顧客沖泡的咖啡，老闆在咖啡的拉花上加了爆炸糖，飲用時爆炸糖一直在口腔內爆發，充滿老闆的幽默感。

加 5 元的特別版屬於你的愛情（45 元）

由益力多與黑咖啡組成的搭配，看似衝突卻又出奇的搭。如果你怕不好喝，老闆說只要加 5 元就可以把這款不屬於你的愛情變成屬於你的愛情，當中加了乾檸檬和喜瑪拉亞山的粉紅岩鹽。兩款咖啡我都喝過，屬於你的愛情味道更複雜，增加了酸和苦，並沒有比較好喝，這好像是老闆用咖啡去表達他對愛情的看法，原來老闆是一位用咖啡寫詩的文人。

Mind Café 與其說是賣咖啡的店，它更像是賣時光的空間，有點像是 Starbucks 般在工作與家之間的第三生活場所。客人在 Mind Café 會與店員和老闆甚至其他客人有很多話題和互動，滿座的話客人就隨意拿着咖啡站着邊聊邊喝，就像雞尾酒會。我之所以在多如繁星的 Café 中對其念念不忘，正是因為我們不是在買咖啡的匆匆過客，而是通過咖啡可以產生很多故事。

港幣付款

我剛才介紹的都是熟客會點的咖啡，在這裏即使點普通的 Dirty 或 Americano，老闆都可以與你侃侃而談。

如果細心琢磨，會察覺到這裏各種奇思妙想：鑲嵌在牆上的桌子，可以沿着軌道調整距離；窗前的咖啡長枱調整高度後也可以變身成長櫈。

澳門菜小知識

來到澳門美食之都，可能聽過很多菜名，但不知道是甚麼；很多餐廳、茶餐廳、咖啡室都說自己做的是葡國菜，究竟澳門的葡國菜是怎麼分類？甚麼是土生葡菜？甚麼是澳門骨煲？在這個章節就跟大家科普一下澳門菜的小知識。

在澳門可以吃到怎樣的葡國菜？

關於這個問題，在剛成立 Yoliving 這個平台之時我們訪問了很多位做葡國菜的廚師，其中一位是澳門星際酒店行政總廚陳繼祖（Joe 哥），他對這個問題解答得最詳盡。

三大類葡國菜

米芝蓮二星名廚 Henrique Sá Pessoa。

正宗葡國菜

指在 450 年前葡萄牙人來到澳門所做的葡國菜，還有後來從葡萄牙成長的人，之後來到澳門所做的葡菜。這些葡國菜在烹調手法、用料和調味都因為主廚的成長經歷而根深柢固，並沒有因為澳門的風土人情而改變，所以是最正宗的葡國菜。本文中的葡國美食天地，以及澳門倫敦人請來葡萄牙米芝蓮二星名廚 Henrique Sá Pessoa 坐鎮的希雅度葡國餐廳都是屬於這一類。

土生葡人 Anna 是「老地方」的主廚。

土生葡菜

葡萄牙人來澳超過 450 年，很多人在此落地生根，或與澳門華人開枝散葉，因地制宜而產生具有澳門特色的菜式就稱為「土生葡菜」，亦是澳門近年大力保育的菜系。當中為人熟知的菜式有葡國雞、非洲雞、嚤囉雞飯、乾免牛飯等菜式。本書中介紹的老地方美食、窩婆美食便是這類菜式的代表，而關前街的 SAB8 拾 8 咖啡則是延伸，是第二代、第三代在原有基礎上不斷創新而成。

本地人做的葡菜

這類菜式完全沒有葡萄牙血統，是從旁觀摩、學習、仿效做出來的菜式。有些人可能會做得有 99.8% 相似，也有些餐廳除了菜名以外，其用料、做法全憑自己的腦補想像。不過 Joe 哥強調，這三類做法沒有說誰優誰劣，三類菜中亦有人做得好吃，有人做得不好吃，只是澳門葡國菜以這樣的標準來分辨最為清晰。

澳門骨煲是甚麼？

盛世酒店的骨煲性價比高，能還原骨煲最初的神髓。

「肥仔俠」的骨煲材料豐富又豪華，用吸管方便吸食骨髓。

在書中我有提到澳門骨煲，這種吃法大概流行於上世紀 90 年代的澳門青洲、筷子基一帶大牌檔，說白了其實就是以平價食材堆砌的煲，主要有豬筒骨、雞腳、冬瓜片、粟米和白胡椒湯底，一班老友下班後圍起來一人啃一塊大骨，共渡美好時光。後來有些店家想出一個招積的吃法，一人用一支吸管插在豬筒骨中吸食骨髓，從此澳門骨煲的名聲更上一層樓。時至今日，很多當年做大牌檔的老闆都成為大老闆，澳門骨煲在青洲、筷子基買少見少，反而在酒樓、酒店登堂入室，甚至在山姆超市包裝上市。

近年我吃過比較豪華的骨煲是在有「肥仔俠」之稱的新益食店，不但有齊豬筒骨、雞腳、冬瓜片和粟米，還加入豬天梯等特別部位豬雜。而性價比最高的骨煲要數澳門盛世酒店的餐廳，一人小火鍋有豬筒骨 2 塊、雞腳、冬瓜片和粟米，只需 78 元就可以在酒店內品嚐，保留了澳門骨煲平民價格的神髓。

葡式雜燴勾起葡人節日情意結？

「老地方」主廚 Anna 製作的葡式雜燴。

在老地方和窩婆美食我都有提過葡式雜燴 Tacho，它是我心目中最重要的葡國菜，因為以前不易取得冬季食材，所以不常吃到，有些葡國家庭一年只做一次。

有餐廳稱之為「葡式佛跳牆」，也有人叫它「豬皮雜燴」，由於聖誕節大家都放假或忙於參加節日活動，所以會在節日前做好一大鍋菜，能吃上三天。主要材料有豬手、雞件、豬皮、椰菜、乾葱、臘鴨、臘腸、葡腸、水欖、鹹蝦葉，比較講究的話更會加入豬耳朵、豬鼻、血腸、水煮蛋，還有傳說中的秘方銀蝦醬。按照一定順序加入大鍋中，有些食材是吃之前才能加，然後慢慢熬煮一個晚上，豬皮和椰菜都吸滿湯汁精華，味道主要來自食材原味。現在坊間上大多只能吃到簡化版，大概只有上述一半的食材。

MAP

聖安多尼堂
拾貳時辰
新勝街
黃枝記
Hotel Caravel
南屏雅敘
嘉華茶居
十月初五日街
花王堂街
天主教藝術博物館與墓室
高園街
Mac's Bao
哪吒廟
舊城牆遺址
大三巴牌坊
大坑
榮記豆腐麵食
果欄街
大三巴街
澳門十六浦索菲特酒店
巴素打爾古街
怡富酒店
戀愛·電影館
% Arabica
戀愛巷
20
13
14
榮記牛雜
康公廟前地
12
11
耶穌會紀念廣場
草堆街
大龍鳳茶樓
咀香園
老街角
亞美打利庇盧大馬路
巨記麵家
佳記
義順鮮奶
火船頭街
瑪利亞
大聲公涼茶
檸檬車露
澳萊大三元酒店
典當業展示館
同善堂
世記咖啡
19
金馬輪
玫瑰聖母堂
聯記麵家
明記牛什美食
16
杏香園
義順
大街
營地街市熟食中心
夜呣街
勝利茶餐室
板樟堂前地
福隆新街
譚家魚翅
盧家大屋
成記粥品
黃枝記
17
三街會館
藝舍酒店
英京酒店
最香餅家
18
鉅記手信
仁慈堂大樓
聖母
主教
議事亭前地
大利來記
大堂街秘方炸雞
公雞
何東圖書館
Isaac Toast
京都酒店
南灣大馬路
崗頂前地
聖奧斯定教堂
陳光記
伯多祿五世劇院

⑪ 關前街 ⑫ 阿志麵家 ⑬ 尚堂 ⑭ SAB8 拾 8 咖啡 ⑮ 時空穿梭 · 遊歷三巴（大三巴）
⑯ 澳品薈 ⑰ Portucau 澳葡坊 ⑱ 老地方 ⑲ 金福龍葡國餐 ⑳ 澳門康公夜市

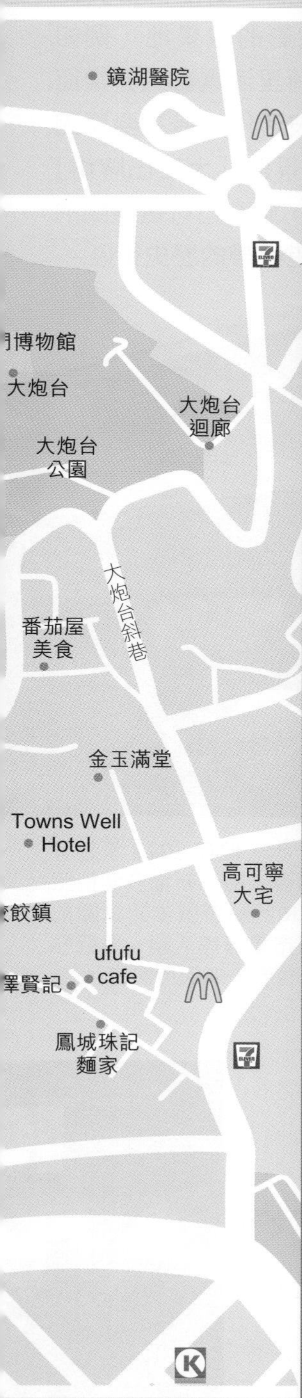

鏡湖醫院
博物館
大炮台
大炮台
迴廊
大炮台
公園
大炮台斜巷
番茄屋
美食
金玉滿堂
Towns Well
Hotel
高可寧
大宅
餃鎮
ufufu
cafe
澤賢記
鳳城珠記
麵家

南區

澳門半島的北中南區自古以來只是一個模糊的概念，但毫無疑問媽閣廟所在的區域，和傳說葡人最早登陸的地方便是澳門最南端，而葡人的生活區域亦從媽閣一路延伸至亞婆井、崗頂、營地大街至大三巴牌坊一帶。古時候葡人為防海盜，在生活區域築建城牆，北至水坑尾門今雀仔園一帶。他們在城牆內經歷百年的生活留下眾多瑰麗建築，所以南區比較多教堂，北區則多廟宇，最古老的教堂如澳門聖老楞佐堂、西望洋聖堂、大堂、板樟堂、大小三巴兩教堂都集中在南區。

媽祖閣

交通

輕軌 / 巴士 → 媽閣總站

關前薈

關前街是澳門開埠最早發展的街區，因為設有澳門最早的海關「關部行台」而得名。它也是很多電影的取景地，例如香港的《古惑仔》、荷里活電影《非常盜2》等。不過關前街被活化的最主要原因是它就在澳門最著名景點「大三巴牌坊」旁邊，旨在疏導旅客，旅客也可透過關前街，深度探索澳門內港一帶的歷史街區。

關前街

交 從大三巴左邊步行至關前街

活化關前街已經推行近十年，但在 2022 年起有飛躍性發展，例如「關前薈」除了新增多個拍照打卡點，還設有 AR 及 VR 互動遊戲去認識關前街，亦有店舖優惠和假日市集等等活動。最近亦加入近年流行的裸眼 3D 展示牌來保持熱度。

文藝門
A PORTA DA ARTE

關前街的店舖由原來的古董舊物店變成古着、Café、文創等行業進駐，例如有 Café 與文創結合的「文藝門」、文青茶飲店「好好喝茶」、收藏家最愛的「澳門可口可樂收藏俱樂部」、人氣手工蛋糕「尚堂」、超便宜的海鮮拉麵「阿志麵家」等都成為網路人氣店。

SAB8
拾 8 咖啡

址 澳門俊秀圍 No. 10 號 R/C A
電 (853)2835 8191
交 從關前街步行

阿志麵家

阿志麵家

址 澳門關前正街酒潭巷 41 號 A 舖
電 (853)2836 5900
交 從關前街步行

阿志麵家的 65 元一碗**龍蝦拉麵**早已紅遍網絡，最近聽聞更有加 20 元送半隻龍蝦的期間限定。其實也不是每個人來這裏都是吃龍蝦拉麵，這只是招徠客人的其中一招，店內也有叉燒、豬頸肉、豬軟骨、雞扒、海鮮等等選擇。

尚堂

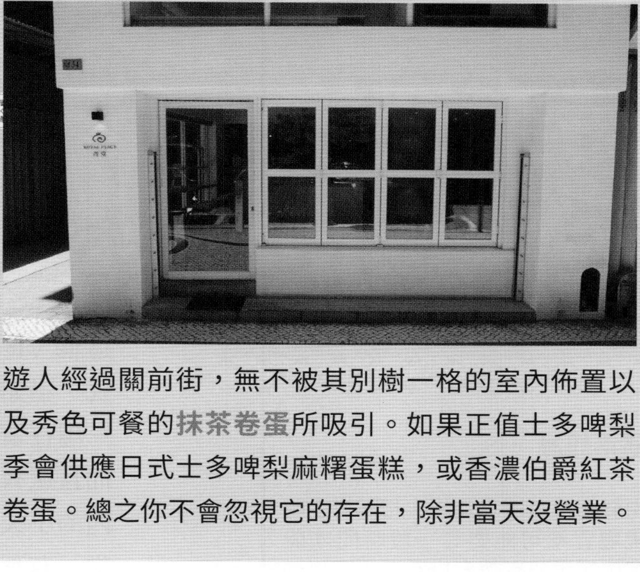

址 澳門西瓜里 2A 號明發大廈
電 (853)6611 8126
交 從關前街步行

遊人經過關前街，無不被其別樹一格的室內佈置以及秀色可餐的**抹茶卷蛋**所吸引。如果正值士多啤梨季會供應日式士多啤梨麻糬蛋糕，或香濃伯爵紅茶卷蛋。總之你不會忽視它的存在，除非當天沒營業。

與尚堂的「不會忽視」相比，拾 8 咖啡就是「不說你不知道」的咖啡店。如果我不是曾經深入調查關前街這個項目，可能就會錯過這家**屢獲餐飲殊榮**的咖啡室。店舖榮獲 2018 年 World Gourmet「澳門最佳傑出青年廚師」以及 2019 年 World Gourmet「世界頂級美食獎 —— 拾 8 cafe」等獎項。雖然獎項並不代表菜式合乎你口味，但最少能表達這家店有一定的創新。

主打**土生葡菜**，特色菜是馬介休撻和沙丁魚撻，把兩種葡國食材做成撻，值得一試，而且價錢亦是咖啡室價格，大眾都能接受。

時空穿梭·遊歷三巴
Visitando as Ruínas de S. Paulo no Espaço e no Tempo

在大三巴牌坊裏面的天主之母教堂遺址廣場設有由文化局主辦的「時空穿梭 • 遊歷三巴」沉浸式數字體驗展，可以透過裸眼 3D、VR、AR 等技術，穿越時空感受數百年前聖保祿學院天主之母教堂的歷史風貌。有關活動原為一個期間限定的展覽，直至截稿前消息，展期延長至 2024 年 12 月 31 日。

2022 年 12 月
OPEN
時空穿梭
•
遊歷三巴

這個 VR 體驗有兩種模式，一是**遊覽模式**，猶如化身成穿越時空的觀察者，參加一場在聖保祿學院燒毀前的巡遊和彌撒，而且還有一些互動小遊戲，例如撲滅教堂內的小火、修復教堂，有種穿越時空改變歷史的感覺。另一個模式是「**蟹舞**」，據工作人員介紹是比較多互動。體驗結束後可以到後台用手機玩一些 AR 遊戲。

请勿触摸
No Touching

用手機玩的 AR 遊戲。

購票訊息

由於門票有限以及場次相隔半小時，現場買票可能要等一段時間才能入場，如果想有效安排時間，可以預早從文化局的大三巴牌坊沉浸式數字體驗展售票系統購買。

網 www4.icm.gov.mo/stPaulVRTicket/

費 門票為 50 元，另設學生票（5 歲至 18 歲）及長者票（65 歲或以上），可享半價優惠。

澳品薈坐落於噴水池玫瑰教堂旁，樓高 3 層，設多個展示區域。

PLAZA
M&M
澳|品|薈
PLAZA
2022 年 6 月
OPEN
澳品薈

澳品薈由澳門廠商聯合會開設，是集澳門製造、澳門品牌、澳門設計、澳門創意以及葡語國家特色產品的品牌推廣展銷中心。如果對澳門品牌有興趣，或者想多了解澳門及葡語系國家的文創產品，在這裏可以很集中的一次過看到。

PORTUGAL

2 樓售賣由葡語系國家進口的商品「葡市集」。

址 澳門板樟堂街 1 號（玫瑰堂旁）
時 週日至四 11:00~19:30
週五及六 11:00~20:30
網 www.minmplaza.com
交 巴士 101X、18A、19、26A、3、33、3X、4、6A、8A、N1A 至新馬路 / 華僑

1 樓是澳門服裝品牌和健康產品的展示區域。

Bem-vindo
MERRY CHRISTMAS

地面層為精品廊。

S 層有澳品薈咖啡，及有澳門優質產品認證的 M 嘜產品。

由於這家店日漸走紅，飯市時間在外面排隊的人都比較多，建議先用電話預約及提早到現場。

Portucau 澳葡坊

址 澳門板樟堂巷 7 號
電 (853)2859 6336
時 12:00~15:00、18:00~22:30
交 巴士 101X、18A、19、26A、3、33、3X、4、6A、8A、N1A 至新馬路 / 華僑

中
秋

牆上掛着「中、秋、月、餅」的古董招牌也是辨識度十分高的設計。

這是在疫情期間走紅的葡國菜餐廳。它在 2019 年開業，但在 2020 年換上新裝後才為人所熟知，我認識這家店也是透過媒體朋友介紹，我之後亦帶過網紅朋友在此聚餐，開放旅遊之後它更獲澳門官方單位及香港電視台介紹，可見此店廣獲眾多平台關愛。

澳葡坊的優點是環境有特色，食物味道佳，但分量極為精緻，整桌食物與水杯、牙籤筒和胡椒罐相比極不協調，彷彿去了小人國，建議店家在菜名和標價旁加上食物分量，以便參考。

焗鴨飯（258 元），單看名字和價錢是猜不到分量大概只有一人份。

八爪魚沙律（88 元）

蒜香芥末牛柳粒（88 元）

非洲雞（半隻 178 元）

澳葡坊之所以受歡迎，首先是所處位置是澳門旅遊旺區噴水池附近的板樟堂巷，較易看見；其次是店內設計十分醒目，收藏品又有特色。雖然開業時也擺放了很多收藏品，但當時的設計未有現在的誇張大膽，所以關注度也沒有現在的高。現在一進門便有半架古董車橫放在收銀台前，成為一個小型二人吧台，很有創意。

食物方面，每碟分量不多，但是味道做得很好。由於分量少，可以多試幾款口味，人均消費在二、三百元左右，不過以這裏是旅遊旺區，而且環境獨特，相信大家的預算也會相對寬裕。

天花掛滿紙傘和雀籠，
令氣氛馬上出來。

cofe

店主收藏了大量舊雜誌、古董收銀機、時鐘等雜物，比澳門舊物集散地的爛鬼樓更加爛鬼樓，像一個小型博物館。

* 據聞此店計劃於氹仔某知名景店開設分店，但據我所知能提供的座位也不多，最終會以甚麼形式呈現？十分令人期待，日後有進一步消息再為各位介紹。

老地方

老地方

老地方是一位土生葡人朋友推薦的餐廳，主打土生葡菜，土生葡菜是真正屬於澳門的菜式，是一種由葡萄牙人來到澳門後就地取材而衍生出來的獨特菜系，差不多每道菜都有一個關於澳門的故事。老地方的主廚 Anna 是土生葡人，很多年前從媽媽和其他家庭的食譜中學習土生葡菜，經過多年調整純化成其專屬菜譜，**味道獲得土生葡人圈子的認同**。

址 澳門新馬路福隆新街 10 號
時 12:00~22:00
電 (853)2893 8670
交 巴士 101X、18A、19、26A、3、33、3X、4、6A、8A、N1A 至新馬路 / 華僑

每次我去土生葡人餐廳，都必定會點**葡式雜燴**，這道菜勾起我很多關於節日和聚會時的記憶，也是土生葡人過年時只做一次的菜式，做一次可以吃三天。昔日澳門只有入冬後臘肉開賣時才能做這道菜，不過現今技術發達，一年四季都吃得到。

這道菜有點像盤菜，各種材料一層層擺放，用臘肉、豬手、豬皮、椰菜、雞蛋等十幾種食材燜煮整晚，令食物充分入味，熬出來的湯汁是菜式的靈魂所在。

另一個推薦是免治牛肉飯，如果香港男人的浪漫是豆腐火腩飯，澳門男人的浪漫可能是免治牛肉飯，或者是乾免牛飯。各家有自己的秘密配方，炒得是否濕潤是關鍵，即是碟底有沒有多餘油分。至於免治牛肉飯上面那隻蛋，不是必須，卻是很多人的情意結。

印度牛腩。

黃薑粉煽豬肉。

金福龍 葡式牛扒 茶餐廳

址 澳門營地大街吉慶巷 26 號地下
時 11:00~23:00
電 (853)2892 1218
交 巴士 101X、18A、19、26A、3、33、3X、4、6A、8A、N1A 至新馬路 / 華僑

焗魚飯也是一絲不苟，飯底是蛋炒飯，魚扒以外有水欖、葡國腸、洋葱、青椒、椰菜、薯仔等，分量很足，也很有土生葡菜的風味。

如果不計較裝潢，不計較擺盤，只求簡簡單單，**以很合理的價錢品嚐澳門葡菜**，金福龍是個不錯的選擇。它隱藏於旅遊旺區噴水池旁營地大街的內巷，地點不好找是缺點也是優點，特別在旅遊旺季，各大名店大排長龍的時候，它可能是你的救贖。而且價錢貼地，一個套餐 59 元，是民生價的茶餐廳價錢，可以和家人朋友來一頓溫馨的午餐或晚餐。

芝士咖喱焗牛扒飯套餐才 59 元，它有點像焗骨飯的做法，牛排有炸過，加上咖喱汁，辛香味很夠，再加入大量芝士去焗，看上去有點油膩，不過跟飯很配合。

或者你擔心會否一分錢一分貨？如果回到那個沒有網紅打卡的年代，我們不需要用影像去取決食物的優劣，單純從吃的本心出發，味道還是很不錯的。金福龍位處這個地方，沒有飢餓行銷的人龍，但有店員禮貌的服務、合理的價錢和有本地特色的味道，我認為是值得向不同定位的食客推薦的。

焦糖雞蛋布甸做得很粗獷，質感結實，有濃厚蛋香。

這裏也有供應木糠布甸，真的麻雀雖小，五臟俱全。

澳門
夜繽紛

康公夜市，因為位於澳門十月初五街康公廟前地而得名，距離關前街、新馬路、十六浦等地點不遠。它是澳門近年在各區舉辦夜市之中愈辦愈旺的一個，除了得到街坊支持，遊客經過新馬路也會被那如鯽的人流和煙火氣所吸引。

康公夜市

康公夜市

址 澳門十月初五街（康公廟至新馬路路段）
時 逢週六、日 18:00~22:00
交 巴士 2、3A、5、5AX、10、10A、11、21A 至金碧文娛中心站，或 1、3、3X、4、6A、8A、18B、26、26A、33、101、MT4 至十六浦站

再往前走，發現幾檔都有賣澳門美食節之寶「大波龍」（大型波士頓龍蝦），有燒的、有蒜蓉蒸的，各施各法，各找各客。

遊走在康公夜市果然少不了牛雜之都的名物，就連關前街著名龍蝦拉麵店阿志麵家（P.35）也來開一檔賣牛雜。

毗鄰的津津有味廚房老闆說他是某博企的資深大廚，炮製牛雜別有一番風味，叫我也試試他的手藝比較一下。

澳門蛇王
太史蛇羹

鄰街蛇王芬的太史蛇羹。

除了「大波龍」，還有網紅吃播最愛的手臂長瀨尿蝦。在海鮮店吃此蝦要小心，通常至少賣 250 元到 300 元一隻，記得曾經有店家告訴我朋友是 250 元一斤，因此點了四隻，誰知這種蝦一隻差不多一斤重，埋單時才知道四隻蝦吃了過千元，我朋友看到賬單時也差點嚇到瀨尿。不過在康公夜市比較便宜，店家說大的 100 元，小一點的 60 元，不過參考我朋友的經歷，我每次都會問清楚多少錢一隻，別問多少錢一斤。

除了吃吃喝喝，康公夜市亦有各種稀奇古怪的小物件供遊人獵奇，作為閒逛活動十分有趣。

MAP

東望洋斜巷
東望洋酒店
松山公園
永安咖啡室
澳門綜藝館
Rico's
東望洋新街
仁伯爵綜合醫院
加思欄馬路
澳門理工大學
華都酒店
羅理基博士大馬路
高美士街
利澳酒店
鉅記餅家
何賢公園
新口岸智選假日酒店
加思欄花園
維景酒店
新口岸葡國餐
洗星海紀念銅像
中華民族雕塑園
Macau Military Club Restaurant
聚龍酒家
澳門假日酒店
新東方置地酒店
友誼大馬路
天福台式鐵板燒
帝濠酒店
富豪酒店
澳門教科文中心
馬濟時總督大馬路
財神娛樂場
新武二廣潮福粉麵食家
葡京酒店
宋玉生廣場
星際酒店
新肥仔文美食
海王冰室
倫斯泰特大馬路
宋玉生公園
新海灣葡式美食
城市日大馬路
凱旋門酒店
永利澳門
Ascott Macau
孫逸仙大馬路
澳門美高梅
觀音蓮花苑
壹號廣場
27
24
23
25

㉑ 觀音像海濱休憩區 ㉒ 爸爸廚房 ㉓ 公雞餐廳 ㉔ 和日式料理 ㉕ 澳門美高梅盛事餐廳
㉖ 澳門金沙酒店高雅扒房 ㉗ 澳門大賽車博物館

金龍酒店
勵宮酒店
26
澳門
漁人碼頭
勵庭
海景酒店
澳門回歸
賀禮陳列館
澳門
藝術博物館
澳門
文化中心
21
澳門
科學館

皇朝區

指澳門新口岸區的新填海地，由於新口岸新填海區名字冗長，因此以該區第一座建成的建築物「皇朝廣場」來命名。皇朝區呈矩形，四角點分別為永利澳門渡假村、澳門美高梅、澳門文化中心及澳門雅辰酒店。在上世紀 90 年代中起，特別是面向海旁的一帶是為人熟知的酒吧區，但近年消費者結構改變而令酒吧行業日漸式微。幸而隨着觀音像海濱休憩區的設立而形成新的紐帶，連通澳門科學館、澳門文化中心、澳門藝術博物館等重要文化設施，及新口岸一帶酒店建築群和商業辦公室，形成以文藝、親子為主的休閒活動區。

觀音像海濱休憩區
Zona de Lazer da Marginal da Estátua de Kun Iam

交通

巴士	50、50B、60、7、MT1、MT2、N1A、N2	城市日前地
	12、23、39、3A、50、50B、60、65、7、8、MT1、MT2、MT5	城市日大馬路 / 波爾圖街
	12、17、17S、3A、3AX、60、8	孫逸仙大馬路 / 金沙
	12、17S、3A、3AX、5X、60、8、N2	新口岸 / 文化中心
各口岸酒店接駁車		澳門美高梅、澳門永利、澳門金沙酒店一帶

觀音像海濱休憩區因位於澳門人習慣稱為「觀音像」的觀音蓮花苑而得名。

觀音像
海濱休憩區

址 澳門孫逸仙大馬路
時 07:00~23:00，（碰碰車）週一至五 15:00~21:00、週六日及假期 09:00~22:00
交 巴士 12、17S、3A、5X、60、8、N2 至新口岸 / 文化中心

觀音像海濱休憩區可說是澳門人最大的遊樂場，而且**大部分設施都可免費使用**。位於科學館至觀音像的沿岸路段，總面積約 15,000 平方米，設有兒童遊樂區、步行徑、茶座、多功能球場、健身康樂區、門球場、滾軸溜冰場等，整體規劃好比大型親子遊樂園，是近年新興的活動場所。

2024 年 OPEN

爸爸廚房

這款坑渠蓋造型的夾餅很有創意又有澳門特色，起初以為只是好看不好吃的網紅爆品，但當我親身探察，又有另一番見解。首先它的店十分隱世，就在不是每個澳門人都聽說過的麻子街。店家最初不是賣渠蓋夾餅，老闆原是健身教練，本來只供應健康食物如沙律、泡菜和雞胸片等，但有天忽發奇想，看到澳門街上隨處可見的坑渠蓋就聯想起夾餅，於是訂做模具做起渠蓋夾餅來。

澳門
MACAO
RESIDUAL

兒童遊樂區面積約 2,700 平方米，劃分不同年齡區域，並引入新穎的共融式遊樂設施，包括大型繩網城堡及電動碰碰車，能媲美一般收費兒童樂園，但在這裏是免費使用。

茶座區約佔 380 平方米，特設新穎遮陽造型茶座、小賣亭、親子廁所及哺乳室。

自落成之後，觀音像海濱休憩區連通酒店及商業林立的皇朝區，以及澳門科學館一帶，同時附近還有澳門文化中心、澳門藝術博物館等旅遊資源，旅客可以安排一整日的行程，在這裏享受親子、文化、藝術及酒店的休閒體驗。

澳門
MACAO
RESIDUAL

大夾餅與小夾餅。

黑色的「渠蓋」混入了竹碳粉，並創出多種鹹甜口味。36 元一個的渠蓋夾餅比一餐飯還要飽，因為夾餅比較厚，有如 3 塊熱香餅的厚度，建議 2 至 4 人分享。相信老闆也知道此情況，所以推出了迷理版夾餅。

不過至截稿前店家透露將會搬到觀音像公園遊樂場旁的小吃攤位，期望可以把這個具有澳門元素的渠蓋夾餅讓更多人知道。

休憩區有小食亭，而近年觀音像海濱休憩區一帶也有質素不俗的餐廳，是飽餐之選。

公雞餐廳

址 澳門宋玉生廣場倫斯泰特大馬路 36 號 G/F、AF-AG 舖
時 12:00~23:00

這是澳門的經典葡國菜店，以前位於官也街一角，後來搬到皇朝區，依然受本地食客喜愛。菜式選擇多，可按個人喜好點選，不過想特別介紹一道**葡式豬肉炒蜆**，因為這個配搭在中餐比較少見，原來是一道葡國菜，同時融合了海陸兩種鮮味，離開了澳門很難吃到。

2023 年 12 月
OPEN

和日式料理

址 澳門孫逸仙大馬路 1601 號雙鑽地下 I 座
時 12:00~22:00

經過大概三個月的試業，終在 2023 年年底正式開業。它就位於觀音像海濱休憩區對面，店面很大很寬敞，很適合上班族在此釋放壓力，或者作為遊客緩衝休息之所。出品是港澳口味壽司，中午有套餐供應。

可能目前知道這裏的人不多，服務員也很熱情，在店內吃飯聊天感覺很放鬆。

除了海濱一帶，皇朝區亦有百多家餐飲食肆，而這一帶的酒店如金沙、雅辰、雅詩閣、澳門美高梅以及澳門文華東方酒店均提供不同類型的餐飲服務，部分是開幕不久的特色食店。

葡國經典菜烤乳豬。

下午茶套餐。

澳門金沙酒店 高雅扒房

高雅扒房位於澳門金沙酒店內，店內燈光昏黃，有種古典扒房的味道。餐廳在 2022 年 10 月更換了主廚團隊，在出品上有煥然一新的感覺。雖然人均消費近千元，但是食材的質量和分量、擺盤和味道，以及服務質素都很到位，特別適合生日或週年慶祝活動，提前說明餐廳會給你小驚喜喔！

澳門美高梅 盛事餐廳

雖然在觀音像海濱休憩區附近的美高梅有南廚、北苑、甜點、金殿堂、寶雅座等不同定位的餐廳，不過我認為最適合和訪澳朋友聚餐就是**主打葡菜**的盛事餐廳。首先葡菜具在地特色而且出品精緻，二是它接近天幕廣場環境很開揚，就算在打風的日子也可以沐浴在自然光之中。這裏走中高端路線，不過午市套餐和下午茶 Tea set 比較抵食。

博物館位於新口岸澳門綜藝館旁邊。

澳門大賽車博物館

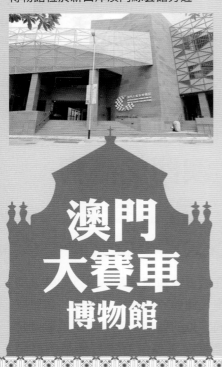

澳門大賽車博物館是為慶祝澳門格蘭披治大賽四十週年而興建，首建於 1993 年，主要介紹澳門格蘭披治大賽的歷史以及相關知識。2021 年 6 月重建後有大幅度升級，展覽面積亦擴展至 16,000 平方米。

- **址** 澳門高美士街 431 號
- **時** 10:00~18:00（最後入場時間 17:30）
- **休** 週二
- **費** （12 歲以上至 65 歲以下）80 元、（12 歲或以下及 65 歲或以上）40 元、3 歲或以下免費
- **網** mgpm.macaotourism.gov.mo
- **訂** mgpm.macaotourism.gov.mo/zh-hant/about/ticketing
- **郵** mgpm@macaotourism.gov.mo
- **交** 巴士 1A、3、10、10B、10X、23、28A、28B、28C、29、32 至金蓮花廣場

Michael Schumacher
/1983
/RALT RT3
/POS 1
/01:11:34.96
/30
/1990
REYNARD
Marlboro
WEST SURREY RACING
M. Schumacher
KAWAISTEEL
SONAX
YOKOHAMA

1 樓的澳門格蘭披治大賽區，展示舒密加等著名賽車手的出賽戰車。

地庫層是東望洋大賽及澳門 GT 盃區域，這裏最多遊戲及打卡位，包括賽事長知識區、賽事指揮中心、車隊指揮台、賽車空氣動力學解析、百變賽臉、頒獎台、車手服飾影併、成績排行榜等教學及遊戲設備，娛樂性十分高。

地面層是入口及售票處，觀眾亦可憑票辦理入場證登記，記錄場內的遊戲積分作紀念。同層亦有精品廊售賣賽車相關的紀念品。

登記

博物館的 1 樓是澳門格蘭披治大賽區，有冼拿紀念室和回憶長廊等展覽區域，還有車手反應挑戰、重力速度挑戰等互動遊戲。

重力
速度
挑戰

除原有展品外，還增設大量教學及互動設施、VR 模擬體驗和拍照區域，大大提高趣味性。2023 年旅遊局更與香港杜莎夫人蠟像館合作，於博物館展出 8 位國際知名賽車手的蠟像，可見展館重開後內容不斷擴展，若已經參觀過重建前的賽車博物館，這次可能要花三到四倍時間遊覽，不過現在也可在官網線上作虛擬參觀。

格電VR
速感
體驗

2 樓是澳門格蘭披治電單車大賽區，有電單車解構、英雄盃等展品外，更有最受歡迎的格電 VR 速感體驗，戴着 VR 設備便可體驗在澳門東望洋賽道上的極速奔馳。

MAP

嘉樂庇總督大橋
友誼大橋
往媽閣
西灣大橋
麗景灣藝術酒店
新濠鋒酒店
星皓廣場
Common Table
氹仔中央公園
駿龍酒店
大吉慶美食坊
海洋
馬會
君怡酒店
大潭山
羅斯福酒店
澳門賽馬會
運動場
龍環葡韻
官也街
澳門科技大學
排角
大倉酒店
新濠天地
悅榕庄
澳門銀河
威尼斯人
路氹
倫敦人
麗思卡爾頓酒店
JW萬豪酒店
百老匯酒店
康萊德酒店
四季酒店
美獅美高
路氹西
喜來登大酒店
巴黎人
安達仕酒店
W 酒店
東亞運
新濠影滙
珠海橫琴
蓮花大橋
蓮花
1
澳門輕軌氹仔線

1 澳門輕軌氹仔線

氹仔客運碼頭
氹仔碼頭
門會展中心
皇冠中國
大酒店
機場
金寶來
酒店
澳門
國際機場
大
機場大馬路
永利
宮
上葡京
葡京人

氹仔

氹仔城區泛指以官也街為主軸向東西延伸的區域，南至龍環葡韻，北與氹仔民生區對接，是氹仔居民主要生活區域，亦是澳門人的後花園。隨着千禧年後填海造地，與酒店林立的金光大道相隣，從此氹仔城區成為更加熱門的旅遊區。

過去幾年，氹仔城區有三大改變，第一是澳門輕軌開通，改變了旅客遊澳門的便利性；第二是益隆炮竹廠原址對外開放，是近年面積最大的古蹟；第三是很多食店都產生了微妙變化。

澳門輕軌是我們特別想加插的篇章，因為旅客比較害怕乘坐複雜的巴士路線，而澳門的士也未能應付大量旅客需求。所以 2019 年開通的輕軌會為旅客帶來便利的選擇，從入境、投宿以及尋找地道美食，都可以在一條路線上搞定。隨着即將開通跨海的媽閣線，輕軌的便利程度將會惠及澳門半島居民和遊客。

交通

可以乘坐巴士、輕軌或酒店穿梭巴士，而官也街口亦有固定的士站。

巴士 11（往媽閣）、15（往海洋花園）、22（往柯維納馬路）、28A（往柯維納馬路）、30（往氹仔中央公園）、33（往柯維納馬路）、34（往海洋花園）

輕軌 排角站可前往官也街，沿着地堡街步行 5 分鐘便可。

穿梭巴士 乘澳門銀河接駁車可順道遊覽氹仔城區、官也街和地堡街。乘威尼斯人接駁車亦可通過行人天橋到達龍環葡韻。

MAP
奧林匹克大馬路
運動場道
奧林匹克
體育中心
運動場
體育路
學院路
澳門
三育中學
馬交茶
檸檬車露
利安咖啡屋
海灣餐廳
排角路
澳門輕軌氹仔線
望德聖母灣大馬路
天后廟稅地
排角
澳門銀河

飛能便度街
6
世記咖啡
黑橋街
施督憲正街
木偶
葡國餐廳
律政司街
氹仔
市政公園
地堡街
嘉模斜巷
8
龍環葡韻
地堡
茶餐廳
Dumbo
2
官也街
7
O Castico
葡韻
生活館
4
誠昌
飯店
安德魯
嘉模
聖母教堂
皮爾圖
11
10
Portugália
嘉模墟
嘉路士米耶馬路
9
爆打
檸檬茶
5
António
北帝廟
譚家魚翅
跛腳梯
告利雅施利華街
路氹歷史館
天后廟
望德聖母灣街
3
龍環葡韻
濕地生態區
仔牌坊

② 不已手製檸檬茶 ③ GOAT BAKERS ④ 七賢美食氹仔店 ⑤ 誠品咖啡體驗店 ⑥ 益隆炮竹廠舊址
⑦ 世記咖啡氹仔堂食 ⑧ Parloir 85b ⑨ 銀舍利 ⑩ 氹仔茶餐廳 ⑪ 葡國美食天地

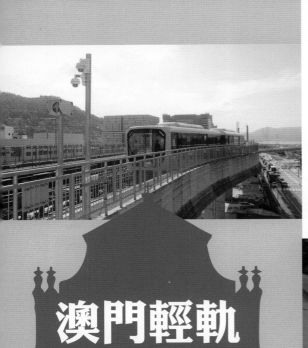

澳門輕軌氹仔線始通車於 2019 年 12 月 10 日，連帶 2023 年年底開通的媽閣站共 12 個站。未來更會開通站點連接澳門蓮花口岸通往橫琴，期時更方便海陸路旅客到達澳門氹仔多個旅遊熱點。

澳門輕軌起步價為 6 元，4 至 6 個站為 8 元，7 至 10 個站為 10 元，另有特惠車票。

澳門輕軌氹仔線

時 週一至四 06:30~23:15、週五至日及假期 06:30~23:59（每 5~10 分鐘一班）

網 www.mlm.com.mo

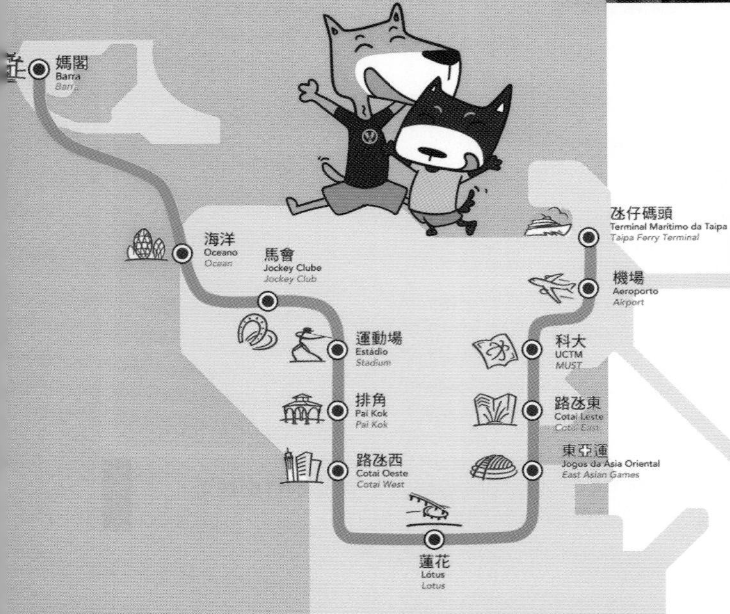

媽閣
Barra
海洋
Oceano
Ocean
馬會
Jockey Clube
Jockey Club
運動場
Estádio
Stadium
排角
Pai Kok
路氹西
Cotai Oeste
Cotai West
蓮花
Lótus
Lotus
東亞運
Jogos da Ásia Oriental
East Asian Games
路氹東
Cotai Leste
Cotai East
科大
UCTM
MUST
機場
Aeroporto
Airport
氹仔碼頭
Terminal Marítimo da Taipa
Taipa Ferry Terminal

氹仔碼頭站附近有免費接駁車連接多間酒店，包括澳門威尼斯人、澳門巴黎人、澳門金沙、澳門倫敦人、上葡京、新葡京、葡京、澳門美高梅、美獅美高梅、永利澳門、永利皇宮路氹、新濠天地、新濠影滙、澳門銀河等。

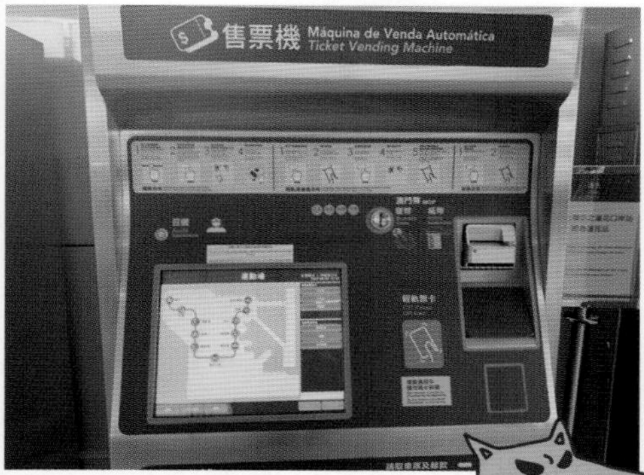
售票機 Máquina de Venda Automática
Ticket Vending Machine

可用澳門通乘車卡或現場購買輕軌車票，目前尚未接受 QR Code 掃碼入閘。

氹仔碼頭站 Estação do Terminal Marítimo da Taipa
Taipa Ferry Terminal Station

D2

氹仔碼頭站

澳門輕軌氹仔線的最後一站，但對旅客來說應該是第一站，因為氹仔碼頭可能是海路旅客第一個進入澳門的地方。輕軌站 A 出口經行人天橋與氹仔碼頭無縫連接。

15:30
12
11
10
9
7
6
5
4

氹仔碼頭與香港信德碼頭以及深圳蛇口碼頭、福永碼頭有航班對接。

碼頭內有美食廣場，提供快餐及茶飲以供旅客應急祭五臟廟之用。

雖然站外有多架免費接駁車，但輕軌可以補足接駁車未可到達的地方，如由氹仔市中心到達氹仔碼頭，或由氹仔碼頭到達非博企旗下酒店，如位於馬會站一帶的澳門君怡酒店、駿景酒店和澳門羅斯福酒店，房價較相宜。

MACAU ROOSEVELT

澳門羅斯福酒店

CSI FOOD COURT

美食廣場的三餸飯，售價 60 元，味道和價格與鄰站食肆相比，性價比不高。

蓮花站

澳門輕軌氹仔線連通海陸空三個口岸，而在蓮花站可以**轉接駁車到橫琴口岸**，待將來換乘線路開通，更可以坐輕軌直達橫琴口岸。

2019 年 5 月，此站開通了行人天橋直達新濠影匯酒店，亦可前往 2023 年 9 月開業的 W 酒店。

在新濠影匯旁的蓮花站。

新濠
影匯

水上樂園一期以室外為主，設有 5 條滑水梯，最高可達 20 米。除了比較刺激的滑水梯，亦有適合不同年齡層的水上遊樂區域，這個「黃金大水桶」會定時倒下 1.8 噸水。

亦有適合兒童的淺水區域。

公共巴士
往橫琴澳門口岸-102X
AUTOCARROS PÚBLICOS
PUBLIC BUSES

通向前往橫琴口岸的巴士站臨時指示牌。

新濠影匯水上樂園二期，分為室外（2021 年 5 月開幕）及室內（2023 年 4 月開幕）兩部分，共 16 個遊樂設施，以室內恆溫泳池和 15 米垂直俯衝的極限逃生艙，以及新增 7 條滑水道為主要賣點，不受天氣影響。

時 12:00~20:00（開放日期請留意官網每月公佈）

網 www.studiocity-macau.com

新濠影匯內的戶外休憩區。

水上樂園與新濠影匯游泳池區隔開，住客需要另購門票入場，標準門票 520 元起，小童門票 320 元起，入場後可暢玩室內外兩個水上樂園。另外為住客設有套票優惠，以及面向澳門人的冬季無限暢玩門票。室內泳池的季票，由於有早鳥優惠和限時會員專享等不同收費標準，詳情請參考官網。

機場站

機場站或許是國際旅客認識澳門的第一站，此站以 B 出口**連接澳門國際機場**而得名。很多人會忽略這個站對旅客以至當地人的重要性，但如果你試過於高峰時段在的士站一直等不到車，那輕軌就是最佳選擇。輕軌比巴士擁有更寬闊的車廂可以安放行李，比的士有更穩定的班次，以及可避免跟司機發生各種不愉快糾紛。

便利店
Convenience Store

GOLDEN CROWN CHINA HOTEL
金皇冠中國大酒店

澳門機場站 A 出口連接四星級的**金皇冠中國大酒店**，始建於 1999 年，是距離機場最近的酒店；而與金皇冠相通的**金寶來酒店**曾因成為隔離酒店而被大眾關注。然而距離機場半小時內車程亦有很多酒店，一小時內甚至可到達民生區，因此機場酒店的優勢並不明顯。

金皇冠與金寶來的招牌常出現在同一指示牌，內部亦互相連通。金寶來以中世紀騎士盔甲為主題，相同的裝飾又會展示於金皇冠內，若不仔細觀察，很難分辨出這是兩家不同星級的酒店。

百年老號
晃記餅家
馳名中外

輕軌路線可到達氹仔以及路氹城主要區域，例如澳門主要的渡假村酒店以及氹仔的旅遊區和手信街。隨着媽閣站開通，澳門輕軌由氹仔線連通澳門，此優勢會更為明顯。

路氹東站

澳門輕軌另一個便利的地方就是**與幾個大型綜合渡假村相連**，除蓮花站與新濠影匯連接，路氹東站又可直達澳門君悅酒店，周邊還有美獅美高梅、永利皇宮以及通過澳門君悅酒店到達的新濠天地、摩珀斯，附近還有瑞吉和倫敦人等酒店。

↑ 路氹东轻轨站
Cotai East LRT Station

從澳門君悅酒店通往輕軌站的連絡通道。

WYNN PALACE

路氹東站與永利皇宮相鄰。

MGM

前往美獅美高梅亦是在路氹東站下車。

輕軌小貼士

美高梅與澳門輕軌合作，推出限定版「兩日遊輕軌通」，免費送贈住客。持卡人可於首次入閘後 48 小時內無限次乘搭輕軌，限期後亦可透過增值作普通輕軌卡使用。

輕軌通
Passe do Metro Ligeiro
LRT Card
澳門輕軌
Metro Ligeiro de Macau
Macao Light Rapid Transit
04420001076849

東亞運站

東亞運站因處於人稱「澳門蛋」的東亞運體育館旁而得名。由於附近多為施工地段，一般較少人使用，但可以由此站**步行 8 分鐘前往上葡京和葡京人**。

附近多數為施工地盤。

上葡京。

路氹西站
排角站

路氹西站

有人說路氹西站可以到達威尼斯人和澳門銀河，其實這說法並不完全正確，前往澳門銀河最近的站應該是排角站，但路氹西站可到達新開幕的**澳門安達仕酒店 Andaz Macau** 和**萊佛士酒店**。

澳門安達仕酒店。

科大站

科大站可直達**澳門科技大學**。此站除了方便學生上學，這裏更有一個隱世美食勝地，就是位於科大 P 座宿舍大樓旁的科大點綻體驗學習廊，亦有人叫這裏做**「貨櫃餐廳」**。

大鼓米綫

美食廣場內設有校內學生優惠，亦歡迎校外人士用餐，但注意美食廣場內基本不收現金，需以電子方式支付，如 Mpay、中銀支付、支付寶等。

Road Bar

貨櫃餐廳是一個美食廣場，集澳門多間知名餐飲品牌，可以一次過品嚐到中西日韓美食，例如有茶飲店薈真集、日式燒烤大將、雞蛋仔澤賢記、漢堡 Road Bar、大鼓米線、老長沙等。味道方面，可能由於煮食環境受場地限制，部分出品未能發揮出原店的十足水平，但仍有一種小型澳門美食節的歡樂氣氛。

Road Bar 的漢堡包。

大將的最強三式牛丼。

薈真集的凍檸茶。

GATHERING
薈真集

MACAU
FRESH MILK TEA
澳門
奶茶

薈真集的澳門奶茶，底部是木糖布甸，充分展現出澳門元素。

運動場站

來到運動場站，開始進入**民生區**，這裏有很多**隱世美食**可以探索，也有幾家我比較喜歡的私房名單。

君怡酒店
GRANDVIEW

澳門君怡酒店（君怡軒）

在疫情期間，我發現君怡酒店住宿的性價比是同區中比較高，它一直保持在賓館般或略高的價格，但有 4 星酒店的服務，所以在未通關的日子，我都會推薦給朋友。雖然這裏也設有衛星賭場，但整體格局和人流也不算複雜，而且周邊多民生區域，購物和飲食都很便利。

址 澳門氹仔柯維納馬路 142 號二樓
電 88961901

除了住宿，酒店的中餐廳君怡軒也是很街坊的價錢，而且環境舒適。至截稿為止，午市粉麵飯 58 元一份，自選點心 178 元 5 款。員工服務也很熱情，有時會主動與熟客聊天，也向新客介紹抵食推薦。

點了一個 178 元 2 餸套餐，另加點 78 元的特價菜豬膶啫啫雞煲，另外送白飯和糖水。

糖水也不錯，當天送的是蘆薈雪耳糖水，很滋潤。

Common Table

咖啡店作為家庭與生活中的第三空間，坐得舒服是其中一個要點，近年更加要具備打卡功能。店鋪面積十分大，從外面看大概有半條街長，加上文青風格的室內設計，歐式的早餐和蛋糕，平日來就可以享受這裏的寧靜和空間感。晚上會變成酒吧式的用餐空間，不同時段來會有不同面貌。

址 氹仔基馬拉斯大馬路濠庭都會地面 A 鋪
網 www.instagram.com/commontable.mo/

COMMON
TABLE by Taipa Cafe

室內空間寬敞，另外有特別空間給予熟客或帶寵物人士用餐。

這裏有豐富的早餐提供，亦可以單點麵包。

大吉慶

大吉慶美食坊

大吉慶在 2022 年悄悄地換了老闆，門面和內部都裝修了，但名字沒變。新老闆在澳門擁有多家知名食店，憑藉多年經驗改造大吉慶，卻與附近食店在定位上做出適當區隔。

老闆從旗下食店調來人氣菜式助力，有「弄堂 15」的超巨型一品油條，也有「德仔記」的黑胡椒燒鴨。

址 氹仔哥英布拉街 138 號太子花城地下
電 2883 9838
時 08:00~22:00

手臂般粗的一品油條。

黑胡椒燒鴨。

菜單中我最喜歡秘製鮮牛尾，牛尾保留厚厚的牛皮，滿滿的膠原蛋白，經過秘製醬汁燜煮之後，十分彈牙入味。想吃這道菜最好提前預訂，店方需要預時間燜煮。

茶壺酥這種精緻的手工菜怎會出現在茶餐廳？如果不告訴你原來背後有高人教路，你或許會錯過這家被重新改造的隱世食店。

這道叫街坊炒麵，用料豪華，有鮑魚、花膠、海參、土魠，十分惹味，名字像是老闆和我開了一個玩笑。

排角站

對旅客而言，排角站應該是客流量最高的一個站，因為它是在澳門銀河和氹仔城區的中心。這裏有大家熟知的手信街「官也街」，也有美食街「地堡街」，以及一些新落成的景點，我們會另文有更深入的介紹。

排角站位於澳門銀河和氹仔城區之間。

藥房

官也街是熱門的手信街，牛雜、藥房、牛肉乾以及各大餅家如英記、鉅記、咀香園和晃記都齊集於此。

馬會站

顧名思義是以這裏有個馬場而命名，雖然賽馬場將於 2024 年 4 月結束營業，不過附近仍有景點四面佛，及連接至氹仔另一個新興的民生區，以及很多旅客感興趣的澳門通客服中心，和一些房價較實惠的酒店，如澳門羅斯福酒店、澳門君怡酒店、澳門駿龍酒店等。

馬會站周圍環境。

澳門通
MACAU Pass
南貴花園

澳門通氹仔客戶服務中心可辦理澳門通實名登記手續。

址 氹仔廣東大馬路 79 號南貴花園地下

不已手製檸檬茶
UNCEASINGLY
HANDMADE
LEMONTEA
&
COFFEE
UNCEASINGLY
不已
手製
檸檬茶

2023 年 8 月

OPEN

不已手製檸檬茶

我該把它分類為美食好呢？還是網紅打卡景點好呢？不已手製檸檬茶雖然是一家來自國內的連鎖茶飲店，不過移植澳門後加入了很多本地元素，具有很強的視覺衝擊設計，所以就算位處官也街橫街也能引人注目。

我在澳門掛住你
官也街
好仲意檸
UNCEASINGLY
不已
手製檸檬茶

茶飲的包裝設計加入了澳門色彩，是打卡神器。

地 氹仔官也街安樂街 28 號
時 11:00~22:00

不已
手製
UNCEASINGLY

開房式廚房可以看到茶飲的製作過程。

我喺澳門掛住你
官也街
檸好！澳門！
WELCOME

店面不大，但內有打卡位，也有打卡道具，店方亦不時有推廣活動，似乎店家很會做檸茶，更懂網絡世界的流量密碼。

Goat bakers 是 2021 年開業的人氣烘焙店，比拳頭還要大的奶酪花杯子是熱賣商品，曾經每人限購兩個亦被搶購一空。2023 年 8 月氹仔首家店開幕，暫時不用排隊、不用限購也可以買到這人氣美食。

goat

Goat bakers 氹仔店位於中葡小學側門，由氹仔漁村直入。

2023 年 8 月

OPEN

GOAT BAKERS

地 （氹仔店）氹仔巴波沙總督街 80 號地下 C
（澳門店）澳門永聯台 52 號永聯大廈地舖

時 （氹仔店）12:00~18:00
（澳門店）11:00~19:00

青提乳酪條
Green Grape Cheese Danish
$32

這家店以超級鬆化的酥皮烘焙為主要特色，熱賣有奶酪花杯子和伯爵可麗露，其次是彩虹羊角包。

奶酪花杯子外表像葡撻，但中間是酸酸甜甜的奶酪，而非葡撻口感。

店主為免各店出品過於統一而做出區隔，Goat bakers 氹仔店的部分出品在澳門店是沒有的，例如青提乳酪條和軟心芝士蛋糕。而氹仔店的奶酪花杯子只有原味，選擇比澳門店少。

goat

Goat bakers 澳門店平日會較多人排隊。

ナタク

抹茶和玫瑰奶酪花杯子是澳門店獨有口味。

其他澳門店獨有口味。

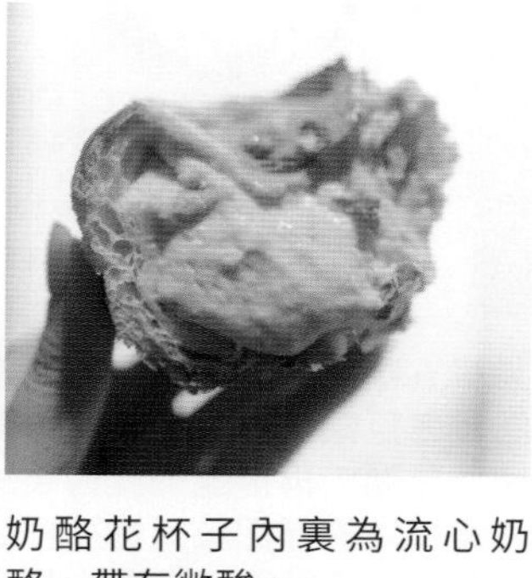

奶酪花杯子內裏為流心奶酪，帶有微酸。

七賢美食

在澳門有超過 40 年歷史的**緬甸食店**「七賢美食」最近在氹仔城區開設分店。印尼、緬甸菜因歷史原因，早已成為澳門特色菜系的一部分，過去主要集中在三盞燈一帶，而始創於 1979 年的七賢就是在這一帶的竹林寺對面，街坊一直叫這裏七賢，今日看到氹仔店的招牌寫着竹林七賢才發現這個隱藏了 40 年的梗是如此幽默。

2023 年 8 月

OPEN

七賢美食 氹仔店

三巨頭之中，最多工序的就是魚湯粉，店家需要一大早把魚去骨拆肉，再加入各種香料煮成漿狀的魚湯，再拌以麵條和脆片一起吃。

地 氹仔米也馬嘉禮前地 13 號喜間小屋地下 A 鋪

時 07:00~18:00

七賢
小食
麵食

菜單五花八門，不過熟客通常只會認定三巨頭：雞絲撈麵、魚湯粉和椰汁雞麵，再搭配一支樽裝維他奶才是街坊的標記，可惜氹仔店目前沒有維他奶供應，略為美中不足。

在澳門經營緬甸麵店的都以緬甸華僑為主，今已傳到第三代，是在地澳門人，能操流利粵語。現在在氹仔店通常遇到的都是由緬甸來澳打工的人，口味應該正宗，只是點餐時不知道用哪種方言比較方便。

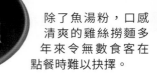

除了魚湯粉，口感清爽的雞絲撈麵多年來令無數食客在點餐時難以抉擇。

誠品咖啡體驗店

地 氹仔官也街兵房斜巷 28 號
時 10:30~19:30

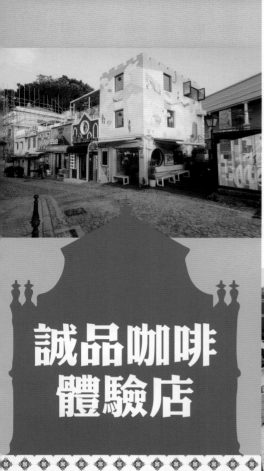

很多人被誠品咖啡吸引是因為那個能看到漂亮風景的窗戶，不過其實誠品咖啡並不只是一般網紅店，其實它是在澳門有 20 年歷史的手沖咖啡品牌，亦是國內最早一批發展專業咖啡烘焙的廠商。而位於氹仔的誠品咖啡體驗店，是他們近年比較觸目的一家店，位處較多遊客的氹仔城區，建築風格獨特，再配合周邊商店所形成的建築群，是氹仔城區最新的打卡點。

此窗是誠品咖啡體驗店的知名打卡點。

手沖咖啡配彩虹蛋糕。

POPCORN SUPPLY

誠品咖啡體驗店原址為傳統民居，翻新後跟鄰近店舖形成視角風格強烈的建築群。

益隆炮竹廠舊址

2022 年 12 月
OPEN

益隆炮竹廠舊址

地 益隆炮竹廠舊址
（入口處位於松樹尾停車場）
時 06:00~19:00
展覽館及文創禮品店 10:00~19:00
休 週三 15:00~19:00
費 免費

關於益隆炮竹廠實在有太多故事：炮竹業的歷史、炮竹廠的神秘傳說，以及這片土地的法律糾紛等等⋯⋯當你帶着這些引人入勝的故事來到現場引證，就更加趣味無窮。

展覽廳有多媒體展覽，亦有影片記錄口述歷史，講述益隆炮竹廠的一些故事。

文化局以修舊如舊的方式，清理了近兩萬平方米的園區，並加建木板走道，以便遊人不用走在泥地之上，亦保護古蹟。

出 SAÍDA 路

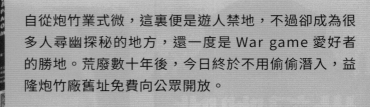

自從炮竹業式微，這裏便是遊人禁地，不過卻成為很多人尋幽探秘的地方，還一度是 War game 愛好者的勝地。荒廢數十年後，今日終於不用偷偷潛入，益隆炮竹廠舊址免費向公眾開放。

園區內保留了兩棟建築物作為展覽廳以及文創禮品店。

園區內的建築物牆身特別厚，而且每棟相隔甚遠，還配備儲水池，都是昔日以防爆炸及作防火用途。

世記 S K 咖啡

世記咖啡 氹仔堂食

世記咖啡始創於 1965 年，當時只是一個十分簡單的街邊咖啡檔，沒有西式的沖咖啡設備，就地取材用**碳火瓦煲煲咖啡**，賣油多、花生多和簡單的公仔麵，那個年代也沒有辣魚、午餐肉、腸仔、煎蛋那麼多選擇。

很多人都認識氹仔的世記咖啡外賣店，卻很少人知道它近年在附近開設了堂食，那裏會有更多選擇。

地 氹仔舊城區柯打蘇沙街 37 號地下至 2 樓
時 10:00~19:00

雖然一切都很簡單，但倒是用心去做，多年來得到一班本地熟客支持。直至交棒至第二代，令這門祖業在千禧年後更發揚光大，將濃郁的瓦煲咖啡入樽量產，亦迎合當時社會趨勢升級豬扒包成為今日豪華模樣，從此一直大排長龍。

堂食店讓公仔麵再次回歸餐單，更像祖業的初創形式。不過我相信他們不單是形式上回歸，出品更是上一層樓。華麗的店面，現代化的出品，更符合現在人口味和視覺享受，和 1965 年的世記不能同日而語。

DAY ONE

世記的外賣店，很多人排隊，也只能坐在路邊吃。

2022 年 2 月
OPEN

Parloir 85b

地 氹仔施督憲正街 85b（嘉模聖母堂旁邊的石梯間）
時 11:00~19:00

店如其名，Parloir 85b 是氹仔城區內的一個會客室，Parloir 有客廳的意思，而 85b 是這裏的門牌號碼。內部空間寬敞，但座位不多，也沒有傳統餐桌，目的是讓客人站着互相交流，就像去酒會似的。這是家和辦公室以外的第三空間，是一個很容易和別人聊天搭訕的空間，因為在這寧靜的空間，除非你一個人獨自看着窗外發呆，否則你每句說話就像在客廳內講話一樣，店內所有人都可以隨時參與。

點手沖咖啡是必須的，不熟悉的話可以請店家推薦。比較獨特的夏日單品是這個 Pineapple Tonic Coffee（菠蘿有氣咖啡）。

如果真的需要坐下來，店內有少許可以坐的區域，或者可以到外面大樹下坐着。

除了咖啡，各種口味的脆皮泡芙也是這裏的名物，還有簡餐供應。建議點一些在沒有桌子的情況下也能方便進食的簡餐。

隱藏在氹仔城區的窄巷之中，卻是很多人慕名而來的外賣店。店面只有一個窗口，窄巷內放了兩張板凳，平日巷內遊人不多，如果不是朋友推薦，也很難發現。

2022 年 10 月
OPEN

銀舍利

手卷每日中午 12:30 起即叫即做，售完即止。

地 氹仔連理街 22 號地下
時 12:30~21:30

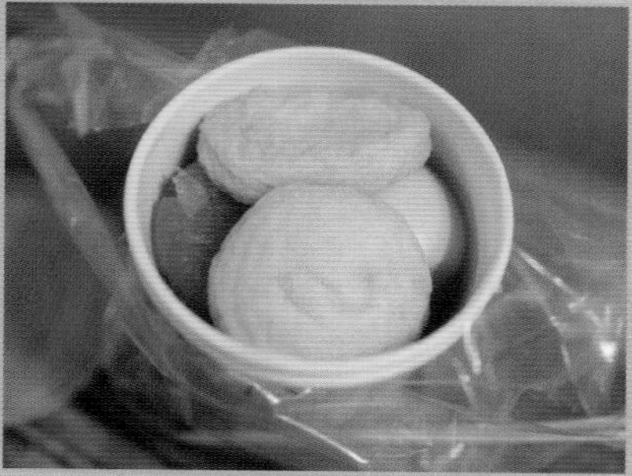

除了手卷亦有關東煮，冬日會比較受歡迎。

原來這家店以**精緻手卷**作招徠。其實澳門有不少壽司外賣店，價格定位比它高比它低的都有，但是銀舍利的手卷即叫即做，感覺比較新鮮，而且有特別的設計包裝，能令手卷不易被壓扁，保持賣相精緻，令人食慾大增。

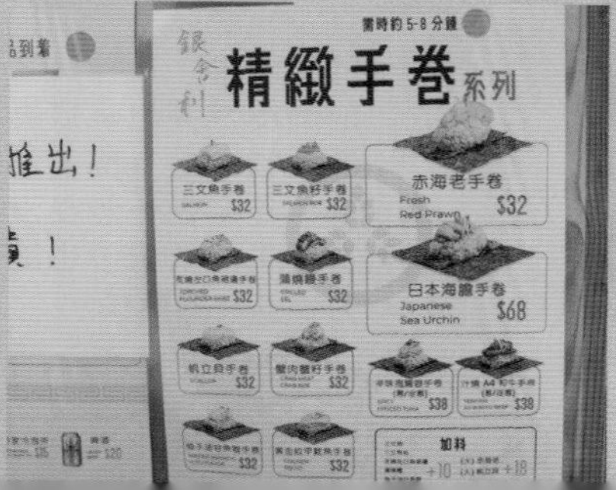
需時約 5-8 分鐘
精緻手卷系列
三文魚手卷 $32
三文魚籽手卷 $32
赤海老手卷
Fresh
Red Prawn
$32
日本海膽手卷
Japanese
Sea Urchin
$68
加料

解開包裝仍然能保持精緻。

赤海老三文魚手卷是店家推薦的隱藏餐單。

隱世必吃推介

Café Taipa
氹仔茶餐廳

這是一家本地人會常去的茶餐廳，過去因為沒有被過度炒作而變成遊客餐廳，價格一直維持在可接受的水平，味道卻與這一帶的人氣明星食店媲美，用餐環境舒適，服務也友善，所以它一直是氹仔居民秘而不宣的隱世茶餐廳。

氹仔茶餐廳

地 氹仔舊城區地堡街泉福新村 Q,R 舖
時 08:00~18:00

豬扒包（30 元）是很多人來氹仔的必吃清單之一，而這裏的豬扒包沒有浮誇的價格以及浮誇的味道，幾十年如一日般做出日常的美味。豬扒包在上菜前會烤熱，讓豬仔包的外皮帶點輕輕的焦脆，豬扒是用帶骨豬扒，外層煎得金黃香脆。

這裏的炒飯和麵食都很美味，這個雞扒撈粗麵加腩汁（35 元）是我的特別推薦。雞扒煎得皮脆肉嫩，撈麵配上牛腩汁味道豐富，吃之前請撈勻，讓牛腩汁包裹每一根麵條，特別美味。

十分之一般的茶餐廳式凍咖啡，如非必要可以不點。順帶一提澳門的凍飲文化，一般會另外附上糖漿自行控制甜度，有別於其他地方在點餐時要講明少甜或走糖。

總結氹仔茶餐廳的優點是沒有過度的炒作，能吃出在地人的味道和價格；缺點是出品有時會不穩定，可能是有段時期換了廚師的關係，豬扒有時解凍不足，或煎得太乾，令客人流失。後來水準回復客人又再次回來，不過咖啡還一直保持低水平。

隱世必吃推介

葡國美食天地不是新店，卻是很值得推薦的隱世食店。氹仔有不少為人熟知的葡國餐廳，唯獨這家是獲得餐飲界業內人士也推薦的名店。基本上很少遊客，光顧的主要是本地人、葡國人，還有其他餐廳的廚師和他的家人朋友。

這裏賣的不是很名貴菜式，卻有把日常葡國菜該有的樣子恰如其分地做出來，或許這就是受本地食客歡迎的原因。

A PESQUEIRA
PORTUGUESE RESTAURANT

葡國美食天地

地 氹仔城區生央街 15C-D 號

時 週二至五 12:30~14:15、18:45~22:00
週六至日 12:30~14:30、18:45~22:00

休 週一

初嚐葡國菜者可試試炒蜆、馬介休球和海鮮飯。這裏的海鮮飯分量不算很大，大概可以二至四人享用。葡式的海鮮飯是有各種海鮮的番茄湯飯，有別於乾身的西班牙海鮮飯。

廚房已截單
(6:00 正常營業)
COZINHA FECHADA
(Reabre às 6:00pm)
KITCHEN CLOSED
(Re-open at 6:00PM)
不便之處，敬請原諒
大众点评
年度好评商户
CUSTOMER REVIEW AWARDS
2018

門口貼有多個美食平台的推薦。

如果是老饕，可以試試這裏的**白烚馬介休**。炸馬介休球可能很多人都吃過，但以魚的原本形態上菜就比較少見。

馬介休其實即是葡式鹹魚，一般是用很大條的銀鱈魚，在沒有雪櫃的年代，航海家就是吃這個。葡國人製作馬介休跟我們醃鹹魚的方法不一樣，他們會把馬介休用很複雜的步驟還原成接近鮮魚的狀態去吃，所以白烚馬介休味道不會很鹹，反而口味清淡。如果想吃香口一些，可以選擇其他做法。

這裏的**葡國牛扒**是最家常的做法，用的並不是高級牛肉，只是普通牛扒，所以不能期望有軟腍口感，所以會配雞蛋和火腿來讓口味更豐富，這也是葡國牛扒通常會在上面鋪上煎蛋的原因。如果對牛扒有比較高的期望，可以選擇吃燒牛仔骨。

MAP

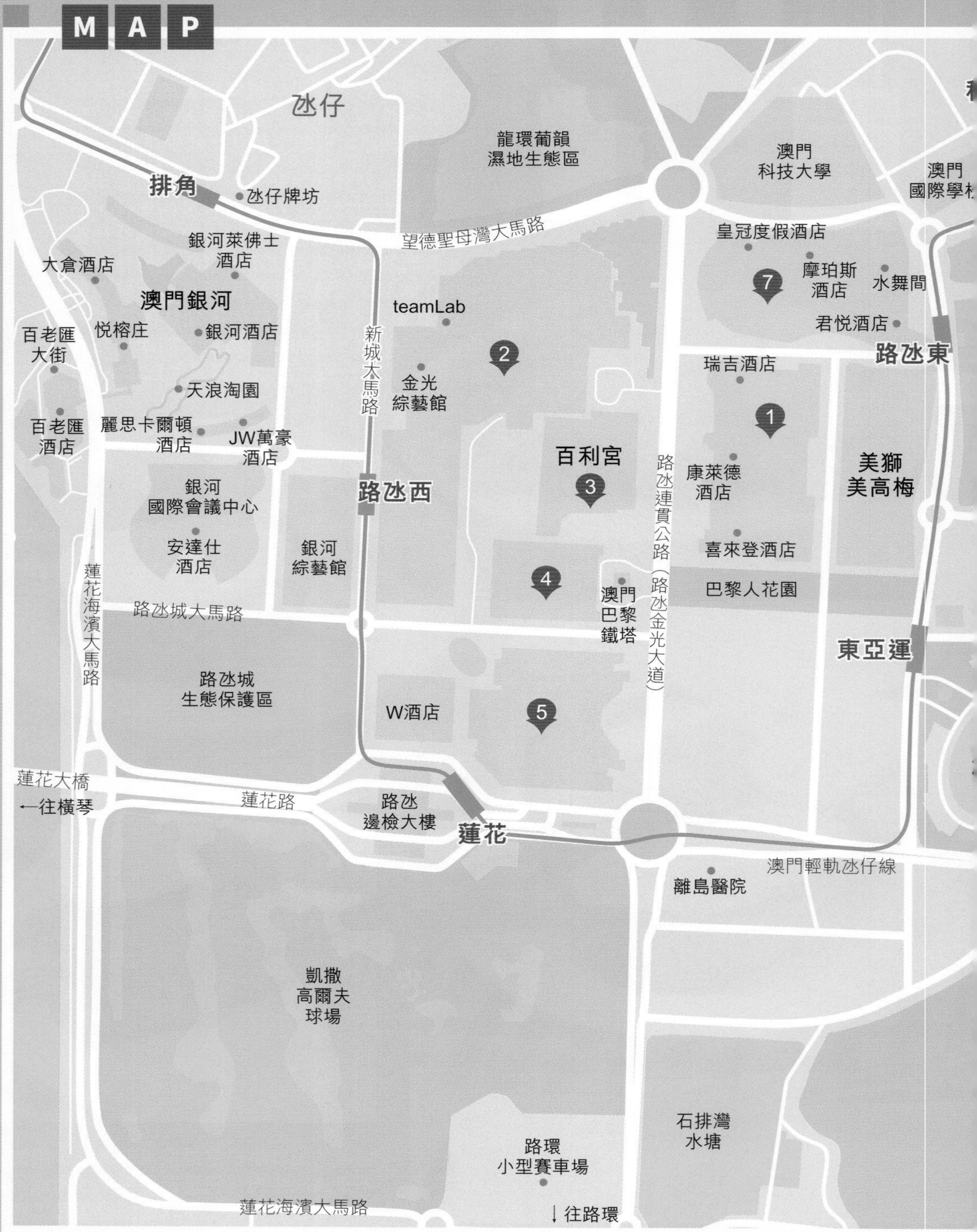

氹仔
龍環葡韻濕地生態區
澳門科技大學
澳門國際學校
排角
氹仔牌坊
望德聖母灣大馬路
皇冠度假酒店
銀河萊佛士酒店
大倉酒店
摩珀斯酒店
水舞間
澳門銀河
teamLab
君悅酒店
百老匯大街
悅榕庄
銀河酒店
新城大馬路
路氹東
瑞吉酒店
金光綜藝館
天浪淘園
百老匯酒店
麗思卡爾頓酒店
JW萬豪酒店
百利宮
康萊德酒店
美獅美高梅
路氹西
銀河國際會議中心
路氹連貫公路（路氹金光大道）
安達仕酒店
銀河綜藝館
喜來登酒店
蓮花海濱大馬路
澳門巴黎鐵塔
巴黎人花園
路氹城大馬路
東亞運
路氹城生態保護區
W酒店
蓮花大橋
←往橫琴
蓮花路
路氹邊檢大樓
蓮花
澳門輕軌氹仔線
離島醫院
凱撒高爾夫球場
石排灣水塘
路環小型賽車場
蓮花海濱大馬路
↓往路環

❶ 澳門倫敦人 ❷ 澳門威尼斯人 ❸ 澳門四季酒店 ❹ 澳門巴黎人 ❺ 澳門新濠影匯 W 酒店
❻ 澳門上葡京綜合渡假村 ❼ 新濠天地 ❽ 澳門葡京人

機場大馬路
利皇宮
擎路
6
卡爾
拉格斐
酒店
網球路
溜冰路
8
黑沙
水庫

路氹

路氹城的葡萄牙語是 Cotai，中文和葡文的語意都是把澳門氹仔與路環兩個島嶼連在一起的城市。這裏原是十字門水域的一條航道，後來因 1960 年代建成路氹連貫公路後形成了西側紅樹林，東面一度出現生蠔養殖場的生態奇觀。

及後經過 40 多年的填海造地，成為具有拉斯維加斯特色的路氹城與金光大道，在金光大道兩旁都是博企旗下的大型綜合渡假村，為澳門帶來最奢華的風景線。兩岸酒店設有數千間食肆，幾百個國際及本地品牌聚集，亦成為澳門新的經濟和購物中心。

路氹城一帶亦有澳門機場、蓮花口岸、澳門蛋運動場等大型基建，隨着澳門輕軌連通路氹城內各個重要項目，到達氹仔市區甚至跨海的媽閣，帶動經濟及人流發展更加蓬勃。

交通

①巴士 / 輕軌 / 各大博企接駁車

②渡輪→氹仔碼頭→酒店接駁車

澳門倫敦人

地 路氹金光大道第五、六地段
網 https://hk.londonermacao.com/
交 ① 澳門各個口岸均有澳門倫敦人的免費接駁車
② 市區巴士 21A、25、26A、56
③ 香港接駁車：澳門金沙酒店、威尼斯人酒店及巴黎人酒店均設有收費直通車往返香港佐敦，每日往返有 10 班次，詳情可參閱酒店官網

澳門倫敦人是由原來的金沙城中心改建而成，集購物、娛樂及餐飲的大型英倫風綜合設施。當中的倫敦人酒店改建自昔日的假日酒店，並於 2023 年 2 月開幕，它跟另一間酒店倫敦人御園獲評定為五星酒店。

PUB & GRILL

2023 年 10 月
OPEN

戈登拉姆齊英式酒吧（1/F）

時 11:00~15:00、18:00~23:00

戈登拉姆齊就是我們熟知的「地獄廚神」Gordon Ramsay，他所開的餐廳終於來到澳門，不管他的出品是否地獄，必定引來食客慕名而來試一試他的招牌料理，例如話題之作「英式炸魚薯條」。

就連絕版的麥當勞叔叔之友亦再次回歸，還記得滑嘟嘟、小飛飛及漢堡神偷嗎？這些 90 後可能不知道的麥當勞叔叔好友會出現在倫敦人二樓購物中心內和大家合照。

McDonald's
2212 Londoner

皇后出巡。

澳門倫敦人到處均有大量英式元素，例如英國人物銅像、雙層巴士、黃金馬車等。在噴泉廣場亦隨時會遇到各種街頭表演，而最盛大的莫過於每晚 9 點半的皇后出巡，其時廣場號角響起，穿着製服的士兵揮舞着旗幟，然後女皇在陽台出來為客人送上晚安的祝福，十分熱鬧。

邱吉爾餐廳（1/F）

時 自助早餐 07:00~13:00
下午茶 15:00~18:00
晚餐 18:00~22:30
酒吧 18:00~00:30
甜品區 18:00~23:30
咖啡區 08:00~18:00
零售區 11:00~19:00

邱吉爾餐廳是與倫敦人同步開幕的自家品牌餐廳，從早到晚，不同時段提供全方位飲食，有種像酒店的高級飯堂。

從大門進去是裝修得像馬房的酒吧，接待人員穿騎師服，滿牆的打鐵工具，訂了座的客人會由接待員帶領推開暗門走進隱密的餐廳用餐。

「妙 ・ 泰」是我近期喜歡的高級泰國餐廳，以英倫為主題，目前只做晚餐。他的收費不算便宜，但整體體驗很好，所以這裏開業不久，我也邀請家人和朋友來體驗。它位於地下十分神秘，我們常聽說地下酒吧叫“Speakeasy Bar”，而「妙 ・ 泰」就是 Speakeasy 的地下餐廳。

2023 年 10 月
OPEN

妙・泰

址 澳門倫敦人 1/F 時 17:30~23:00
休 週一 電 (853)8118 8822
註 ① 着裝要求：時尚休閒。男士請穿長褲、有袖上衣及包頭鞋。
② 兒童政策：歡迎年滿 10 歲或以上人士。

餐廳的菜式是忠於泰國的辣，初入口只是一般，過了口腔之後感覺胃在燃燒，後勁很強。起初我以為是我的錯覺，但後來和業界食評家交流，他們也發現這點，但他們是抱欣賞的態度，覺得忠於泰國口味。不能吃辣的建議點椰青冰沙，不要點調酒，因為他們的調酒也是酸辣的。

這裏的米飯是任加的，有家的感覺，也保證吃得飽。根據我的經驗，有些 Fine dining 888 元只是一道菜的價錢，而且還吃不飽，不但讓主人家沒面子，客人又尷尬，但這裏不會出現這個問題。

芒果糯米飯

帝王蟹肉蛋餅

香芋椰奶流心紫薯丸

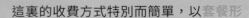

這裏的收費方式特別而簡單，以套餐形式按人頭收費，分兩種價位：888 元及 1,288 元，注意同桌食客要選同一價位套餐，因為菜式以 Share 形式分享。不過他們目前同一價位的選擇只有三種，大概分為豬、牛、雞再搭配一道海鮮，如果人數少是沒有問題，但一旦人多就會選到重複的。

那麼 888 元和 1,288 元有何分別呢？1,288 元的食材比 888 元的好像高檔一點，但實際體驗而論，888 元的好幾道菜也做得很出色，例如帝王蟹肉蛋餅，甜品芒果糯米飯也比 1,288 元的香芋椰奶流心紫薯丸吸引。不過 1,288 元有道菜 Nuch 主廚會親自在客人面前製作，增加了互動性和儀式感，所以我建議不必被價位影響，選自己喜歡的食物就可以了。

餐廳沒有包廂，但分為三個用餐區域，最大的是有很多燈籠組成的燈籠房，亦是很多人喜歡打卡的區域。

另一個用餐區是萬象廳，用很多木雕大象圖案屏風隔開。

還有一個守神廳區域，更為隱密，空間也比較小。

不僅米飯，泰式甜品也是吃到飽，用餐最後會如部分 Fine dining 的壓軸環節般，由服務人員推出甜品車，車上有十多款泰式傳統甜品，包括泰國青木瓜、龍眼巧克力、泰式奶茶等等，可以自由挑選。

其實在甜品車之前已經有兩道甜品，包括喚醒味蕾的雪葩，之後就是剛才提到的芒果糯米飯或香芋椰奶流心紫薯丸。這與澳門好幾家頂級餐廳的流程類似，但這裏的人均收費可控制在 4 位數以下，所以我說這家雖貴，但已經很划算。

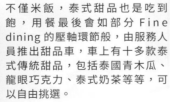

澳門
瑞吉酒吧

址 澳門倫敦人 1/F
時 12:00~01:00，下午茶 15:00~17:30

瑞吉酒店也是在倫敦人建築群內，當中的瑞吉酒吧由一樓大堂升級上二樓，增加了餐飲及表演元素，晚上有駐場歌手唱歌，下午茶有 Tea Set 甚至可以點英式水煮魚等菜式。

這裏的 Tea set 以各種英國地標為元素設計。

差不多澳門每家酒店都有推出英式下午茶，但我萬萬沒想到有朋友專誠邀約幾位好友出來，是為了用這裏的 Royal Albert 英國皇室御用骨瓷餐具，這理由一點都不過分。

調酒的擺盤也很有澳門特色。

我則比較喜歡這道充滿儀式感名為 "Rose" 的甜品。上菜時侍應會把玫瑰泡在液態氮中使其急凍至冰點，再讓客人拍打玫瑰花，讓花瓣如彩紙般灑下，親自為這道甜品完成最後一個工序。

北方鳴苑

北方鳴苑可說是威尼斯人「北方館」的升級版，北方館主打麵食，北方鳴苑則以精緻小菜為主，馳名有金桔鵝肝（168 元）、北京酥不膩烤鴨（半隻 428 元、全隻 698 元）、鳴苑香料烤有機小全羊（438~2,628 元）、克蘇蘋果架子烤羊肉排（218 元）。北方鳴苑每逢佳節會推出「清宮御宴」的特別宴席，排場和器具更為講究奢華，以北方菜大廚的技藝，復刻清朝宮中菜式，部分菜式更保留成為日常餐單。

北方鳴苑

址 澳門倫敦人 1/F
時 24 小時，家庭入口 12:00~15:00、18:00~23:00

金桔鵝肝，把鵝肝做成金桔模樣，外層是桔子味果凍，廚藝巧奪天工。

北京酥不膩烤鴨

我比較喜歡**羅布泊烤多寶魚**（388 元），以烤羊肉的辛香料來烤嫩滑的多寶魚，外脆內嫩，這種做法在澳門少見，比較獨特。

清宮御宴的菊花爐肉暖鍋。

另一道我喜歡的菜式是**桃枝烤羊肉串**（38 元 / 串），用天然的桃木樹枝串起羊肉來烤，桃木香與羊脂香滲入羊肉中，令羊肉帶有淡淡煙燻味。不過後來我發現珠海也有一家烤羊店有此做法，我就不執着必定來這裏吃這道菜，不過這裏的的羊肉肥瘦適中，味道更勝一籌。

澳門威尼斯人

地 澳門望德聖母灣大馬路

交 ① 可於各口岸或部分渡假村乘坐免費穿梭巴士前往

② 巴士 15、21A、25、25AX、25B、26、26A、51X、56、73S、MT4、N3 於連貫公路或新濠天地下車，步行 3 分鐘

③ 巴士 25BS、30X、35、51A、701X、MT1、MT3 於望德聖母灣馬路或連貫公路下車，步行 5 分鐘

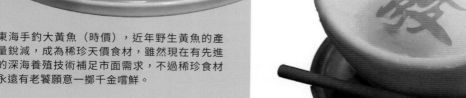

東海手釣大黃魚（時價），近年野生黃魚的產量銳減，成為稀珍天價食材，雖然現在有先進的深海養殖技術補足市面需求，不過稀珍食材永遠有老饕願意一擲千金嚐鮮。

澳門威尼斯人佔地 200 萬平方呎，開幕時是亞洲最大的單幢式酒店及全球最大的賭場。最為人熟知是可容納 15,000 人的金光綜藝館，多年來承包無數場國際知名大型音樂會，雖然近年周邊的新酒店也有承辦演唱會項目，不過威尼斯人的配套設施仍是全澳最齊備的。

威尼斯人購物中心面積近 98 萬平方呎，擁有超過 350 家商戶，是澳門商店最集中的購物中心，亦與鄰近的四季名店、巴黎人及倫敦人幾個購物中心互通，帶來全天候式購物休閒體驗。

清湯魚蓉蓮蓬。

金元寶富貴雞（450 元），其實是乞兒雞的做法，不過來到威尼斯人必須要喜慶一點，換個元寶造型，希望各位老闆都發財。

發

醉江南

地 威尼斯人 1 樓 1078 號
時 12:00~15:00、18:00~23:00
休 週二

醉江南環境幽靜，店內常駐琴師為客人彈奏古箏。

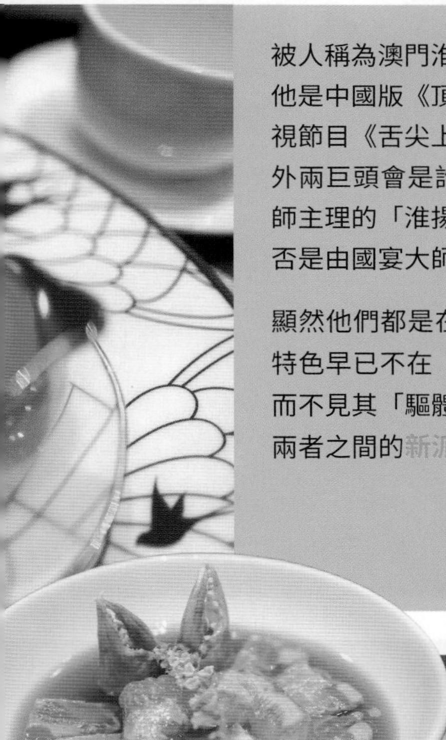

被人稱為澳門淮揚菜三巨頭之一的「醉江南」，由明星廚師梁子庚主理，他是中國版《頂級廚師》(MasterChef) 三位評審之一，亦曾參與拍攝電視節目《舌尖上的中國》，所以很多食客慕名而來一嘗大廚手藝。不過另外兩巨頭會是誰呢？有可能是淮揚菜非物質文化遺產傳承人，周曉燕大師主理的「淮揚曉宴」，這是位於倫敦人內的米芝蓮一星餐廳；另一家會否是由國宴大師嚴永剛師傅坐鎮的上葡京「華亭」呢？

顯然他們都是在淮揚菜的基礎上向不同方向發展的大師。周曉燕大師的特色早已不在「菜」上而是「宴」，其菜品甚至只保留淮揚菜的「精神」而不見其「軀體」。嚴永剛師傅則保持古法製作，而梁子庚師傅就是他們兩者之間的**新派淮揚菜**，一道清湯魚蓉蓮蓬（270 元）以新派擺盤呈現。

無菌花雕醉膏蟹（每隻 575 元），希望真的買到放心。

醉江南其中一個入口連接賭場。

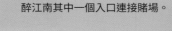

大白兔糖十三么（218 元），梁子庚師傅也會創作一些趣味新菜式。

teamLab★
SuperNature
team
Lab★
teamLab超自然空间
teamLab★
SuperNature
MACAO

澳門的 TeamLab 超自然空間，在亞洲屬比較大型的沉浸式美術館，有 8 米高的超巨型展區，面積達 5,000 平方米。2023 年 6 月更新增三組展覽空間，包括漂浮的花園、無相之雲以及幻花亭茶屋。

新增的三個項目之一「漂浮的花園」，是在鏡屋內佈滿隨時間升降的真花，有點像小說中桃花島上的迷宮，在人不多的情況下，能拍出很燦爛的效果。

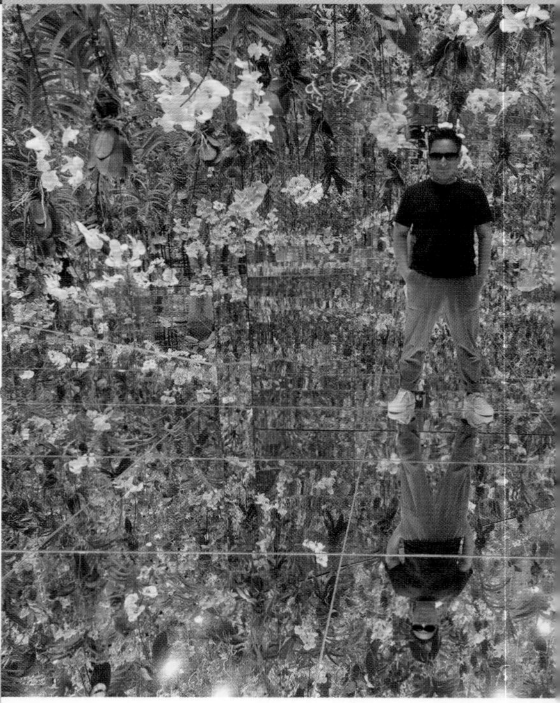

澳門 TeamLab 超自然空間

址 威尼斯人金光會展

時 11:00~19:00（最後入場時間 18:15）

休 週三

電 基礎門票：成人 288 元，3 至 12 歲 208 元
進入新設區域須額外付 100 元

teamLab★
SuperNature
Cotai Expo
金光会展
Tue 07 Nov 2023
11:00 AM - 7:00 PM
Ticket cannot be used
for admission entry
VEN: COMP
Regular

進入 TeamLab 的基礎門票連附加票。

「彩繪點滴瀑布，小水滴也會形成大浪潮」位於「運動森林」內，觸摸流下來的水滴會化開，也可以繪圖後經電腦掃描，影像就會融入水滴瀑布中。

「無相之雲」是新增項目中與宣傳照片相距較遠的一個，宣傳照片中白衣少女在像雲朵中展現出空靈的意境，但實際情況就像是超巨型洗衣機現場，在昏暗的房間充滿機器的隆隆聲，肥皂泡隨風力系統在空中旋轉，進室內還必須穿上防護衣、眼罩、口罩以及鞋套。就現場情況來看，防護裝備的確不可少，眼睛或口鼻觸及到肥皂可能會感到不適，頭髮或衣物也可能會弄濕，也不宜攜帶貴重相機進入，所以空靈感完全欠奉，不過也是個很滑稽有趣的體驗。

雖然恢復旅遊已有一年，不過目前參觀 TeamLab 的人數較少，很適合拍照，沒有以前人山人海每個角度都是人擠人的情況，所以如果喜歡 TeamLab 的朋友可以把握時間拍照。

「幻花亭茶屋」是一個包含吃的展區，額外付的 100 元門券包一杯茶和雪糕，還有其他收費食物選擇。這個展館的效果是食物與投影互動的虛實結合，投影會隨着餐點的擺位、用餐的過程而產生不同的互動效果。

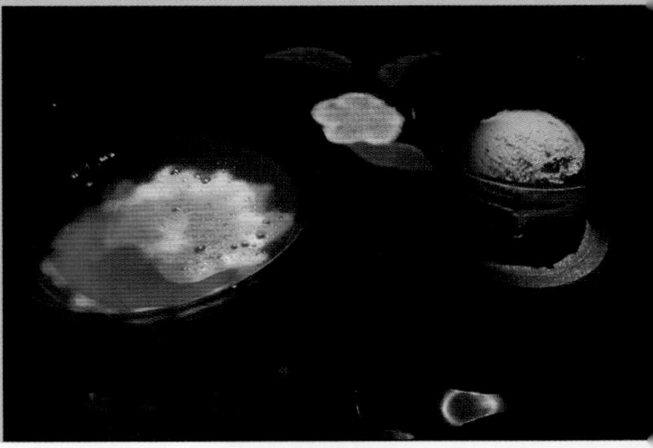

「反轉無分別 —— 黑於白」內展現的空間書法，每個字會向左或右旋轉，突顯書法的剛勁。

「擁有自我意識的變化空間，擴張的立體存在」內佈滿自由浮動的大型球體，當球體受到拍打或衝擊，便會改變顏色並發出聲響。

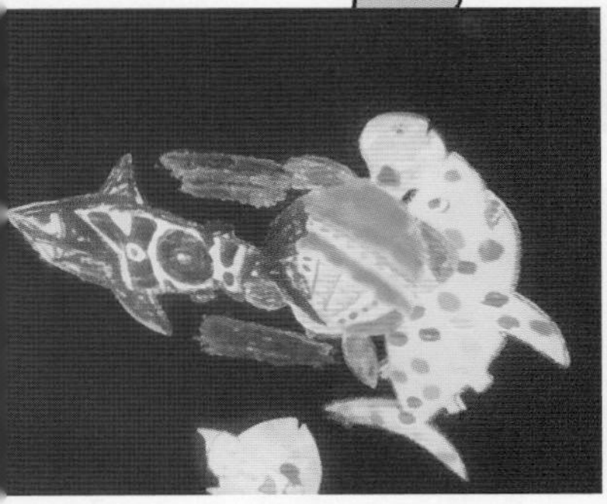

「共創！未來園」內的「彩繪海洋」可透過掃描你填上色彩的畫作，將它投影到海洋世界裏。

SHOPPES
AT FOUR SEASONS
四季名店

澳門四季酒店是路氹金光大道第二家落成的酒店項目，備有多項餐飲及康樂設施。最為人熟知的區域應該是「四季・名店」，購物廊佔三層，號稱「澳門首個豪華購物中心」，由威尼斯人管理及營運，走高檔路線。可能因為打折時可以獲得較優惠價格，故來這裏買化妝品的人川流不息。2023 年 DFS 首間多品牌珠寶概念店亦在這裏開幕，匯集高級珠寶品牌和專屬限定系列，設有 Experience Bar 和 VIP 尊譽貴賓室，為顧客提供個性化訂製服務。

澳門四季酒店

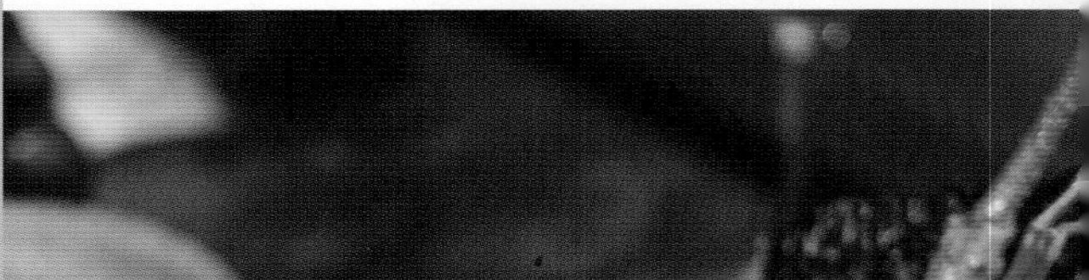

地 澳門望德聖母灣大馬路

網 https://www.fourseasons.com/zh/macau/

交 ① 酒店提供免費穿梭巴士由氹仔碼頭前往，也可乘威尼斯人接駁車，穿過酒店通道前往

② 巴士 15、21A、25、25AX、25B、26、26A、51X、56、73S、MT4、N3 於連貫公路或新濠天地下車，步行 5 分鐘

③ 巴士 25BS、30X、35、51A、701X、MT1、MT3 於望德聖母灣馬路或連貫公路下車，步行 8 分鐘

2022 年
OPEN

王手拉麵

時 11:00~22:30

這是一家低調的拉麵店，我說低調有兩個原因：一是位置比較隱閉，大概位於四季紫逸軒附近靠近娛樂場那邊；第二是它開業時正值疫情時期，酒店沒有大事宣傳，初期以試業形式運營。不過店家在製作上是非常認真，拉麵是特別訂製，吧台前也有兩個大湯鍋在熬煮豬骨高湯。

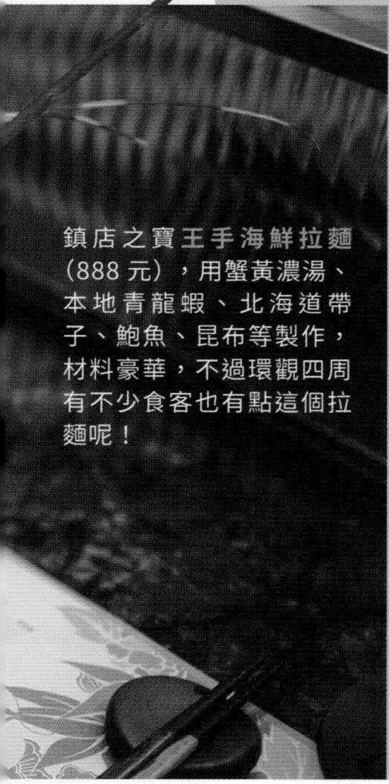

鎮店之寶王手海鮮拉麵（888 元），用蟹黃濃湯、本地青龍蝦、北海道帶子、鮑魚、昆布等製作，材料豪華，不過環觀四周有不少食客也有點這個拉麵呢！

如果你想「過分」一點，這個 458 元的**澳洲 M9 和牛三文治**可以滿足你。

這裏大部分拉麵只有兩個價錢：一塊叉燒 138 元，兩塊叉燒 168 元，包括招牌的**豚骨擔擔麵**和**豚骨拉麵**，算是童叟無欺，在四季酒店內這個定價也不算過分。

來到四季酒店，我未必會推薦既拿黑珍珠又拿米芝蓮的紫逸軒，個人覺得曉亭才是最具有四季酒店特色的餐廳，在這裏不只能品嚐食物味道，還可以用味道去感受四季酒店的發展脈動。

食客可以選擇在陽光與通風較好的陽台用餐，迎接晨光，故名「曉亭」。

曉亭

時 10:30~22:30
下午茶 14:15~18:00

鬆餅

曉亭最出名的就是四季酒店的鬆餅，分鹹甜兩種，甜的配有提子乾，鹹的是帶有牛油香的原味。很多客人會點一份鬆餅加一杯咖啡或茶，就在這陽台享受春日下午的溫暖陽光。

下午茶

說到四季下午茶，他們一年四季也會更換餐單。而小小一套下午茶，背後卻動用餐飲部三個團隊製作，真有昔日故宮御膳房做一餐飯要五個局合力而成的架勢。

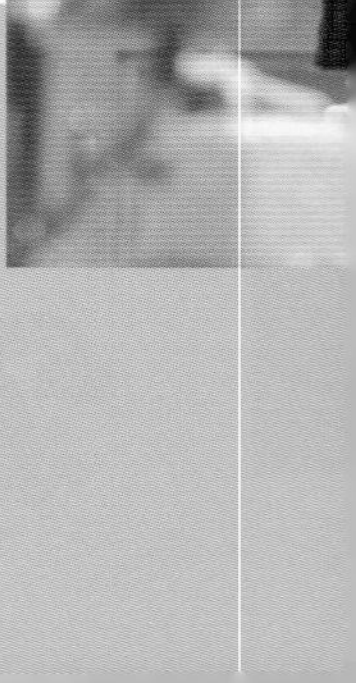

以最新一季下午茶為例，從拉斯維加斯四季酒店調來的甜品師 Kaori，招牌名作是可麗露，外脆並帶點焦糖香，內嫩像個蜂巢蛋糕帶點流心，小小的可麗露蘊含複雜的甜點技藝。

鹹點由曉亭的餐飲團隊負責，有像西班牙 Tapas 的精緻小點心，亦有像日式茶碗蒸般被薯蓉蓋着的牛仔骨。

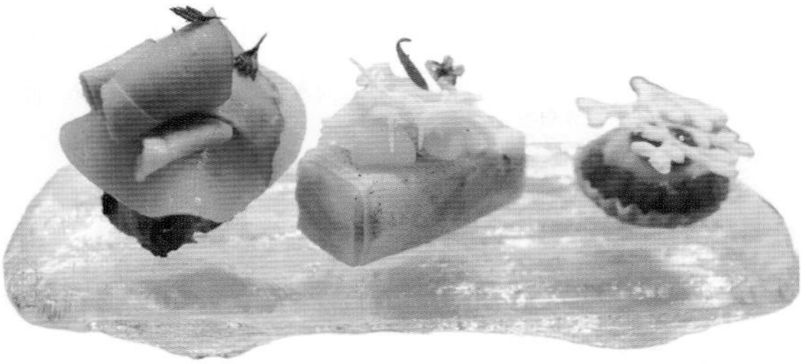

炸魚薯條

我最念念不忘的是這裏的炸魚薯條，聞說最近換了新版，魚肉小了。原來近年四季酒店更加關注可持續發展這個趨勢，而曉亭就選用公平貿易的農產品，以及獲得可持續發展認證的食材。炸魚就選用以可持續發展方式捕獲回來的鱈魚，不過很難保證每條的尺寸都有那麼大，所以就把原有尺寸降一個等級，以保持出品穩定。

益生菌茶

曉亭隨了有經典的中西式茶，還有和本地素食品牌合作研發的幾款特別茶飲，名為 KOMBUCHA，是一種手工發酵的益生菌茶，不過這種茶飲目前算是小眾市場，只有內行人才注意到。

BOM BOOCH
KOMBUCHA
BLUEBERRY HIBISCUS
藍莓芙蓉

非洲雞

餐牌上也有澳門地道菜式，包括這道源於澳門的非洲雞，以多種非洲香料烤成，辣椒加上黑椒十分之辣，不過近年在澳門吃到的非洲雞已經不太辣，並以花生醬和番茄等作為主要調味。而曉亭的非洲雞就用傳統方法配上年幼春雞去燒，外脆內嫩，並搭配沙爹醬汁及沙律以中和辛辣味道。

I love Mango

整體味道像楊枝甘露，但這裏以芒果製成芒果汁、芒果肉、芒果雪芭、芒果脆脆等不同形態，再加上西米營造豐富口感，是芒果迷的福音。

（左起）Kaori Scott、Ruby、Tristanh

曉亭亦邀請了來自有 77 年歷史法國雲呢拿香草家族 PROVA Gourmet 的客席甜品師 Tristanh，以雲呢拿香草製作出一系列甜品。

澳門巴黎人以巴黎建築風格為特色，最矚目地標巴黎鐵塔是以原巴黎鐵塔 1/2 的比例建造，在設計規劃上與對面馬路、倫敦人旁的巴黎人花園連成一起，形成具歐陸特色的園林景觀，是遊人最喜歡的大型打卡景點。

位於巴黎人酒店 5 樓的巴黎人劇場擁有超過 1,200 個座位。劇場融合現代舞台科技及先進的音響技術，可舉辦大型音樂劇，例如曾成為熱話的《夢幻巴黎》，不過自 2019 年，劇場有待重光之日。

澳門巴黎人

地 澳門望德聖母灣大馬路

交 ① 可乘威尼斯人接駁車，穿過酒店通道前往

② 巴士 15、21A、25、25BS、26、26A、56、MT4、N3 於連貫公路或巴黎人花園下車，步行 5 分鐘

巴黎軒

2022 年 5 月 OPEN

地 巴黎鐵塔 6 樓 時 週六至日 11:00~15:00、18:00~22:30、週四至二 18:00~22:30 休 週三

常有朋友問我怎樣可以在巴黎鐵塔上用餐？我就告訴他去「巴黎軒」吧！去巴黎軒要先到巴黎人 5 樓的一個門口，再乘專用電梯去到巴黎鐵塔 6 樓，入口隱閉。

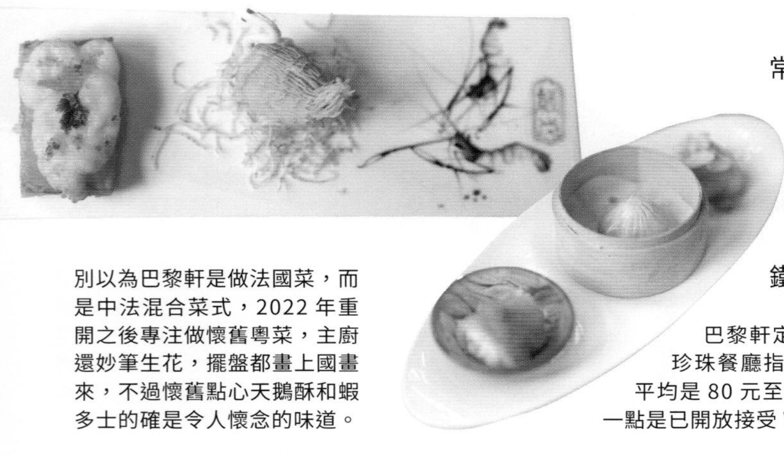

別以為巴黎軒是做法國菜，而是中法混合菜式，2022 年重開之後專注做懷舊粵菜，主廚還妙筆生花，擺盤都畫上國畫來，不過懷舊點心天鵝酥和蝦多士的確是令人懷念的味道。

巴黎軒定位為高級中餐，亦獲得《2023 黑珍珠餐廳指南》的二鑽餐廳，所以這裏的點心平均是 80 元至 120 元一籠，不過現在比以前好的一點是已開放接受 Walk in 客人。

W

2023 年 9 月 OPEN

澳門新濠影滙 W 酒店

地 路氹城連貫公路
地 www.studiocity-macau.com/tc
交 ① 搭乘新濠影滙免費穿梭巴士，詳情可參閱官網
② 搭乘輕軌至蓮花站，經新濠影滙進入

津津自助餐位於 2U 樓。

W 酒店屬新濠影滙大型綜合渡假村的一部分。酒店門口及大堂較小並不顯眼，遠看有點像新濠影滙內的一家酒吧，走近才會發現 W 酒店的指示牌。

不過原來酒店內別有洞天，擁有 557 間時尚客房，並設兩家酒吧，包括可以與客人有更多交流的「潮堂」，亦有隱閉酒吧 Blind Tiger，餐飲有自助餐廳「津津」。

W

BLIND TIGER

Bling Tiger 酒吧位於 W 酒店最高層（40 樓）。

酒吧座位多自成一角，私隱度高，也可俯瞰路氹一帶美景。

上葡京屬綜合型渡假村，擁有3 家 5 星級酒店。沒有大型娛樂設施或主題樂園，上葡京主打的是高級食府及購物中心。

綠茵勝境花園位於 3 樓，除了適合打卡，也可在此舉辦婚宴或酒會。

澳門上葡京綜合渡假村

地 澳門路氹射擊路

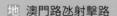

交 ① 渡假村每天設有免費接駁車從以下地點出發：關閘、橫琴新口岸、澳門新葡京酒店、澳門葡京酒店、回力海立方、新八佰伴、澳門旅遊塔、氹仔客運碼頭、澳門國際機場和氹仔舊城區

② 乘輕軌至東亞運站步行 8 分鐘

③ 乘巴士 50、51、59

④ 渡假村設有往返澳門與旺角及太子的跨境巴士，詳情電：(853) 8881 8838

住宿篇

上葡京酒店

上葡京酒店是這個渡假村的酒店唯一自家品牌，提供約 1,400 間客房和套房。酒店融合中西元素，有點像羅浮宮又有點像圓明園，既有西式雕像，又有東方蝙蝠如意圖騰，兩相融合，不會格格不入。

3 家酒店都設有室內外泳池，也有 Spa 和高級理髮店，可見上葡京是以「享樂」為主導，沒有親子和奇幻歷險，也沒有影展和藝術展的喧鬧人群，為渡假村添一分寧靜祥和。

有別於威尼斯人坐擁數百家商戶及名店，上葡京的購物中心專攻澳門兩大購物品牌 cdf 澳門上葡京店及 NY8 新八佰伴。這裏的新八佰伴一層可容納澳門新八佰伴十層的商品，而 cdf 的面積超過 75,000 平方米，優點是地方很大有很多商品，缺點也是地方很大，感覺要逛很久！餐飲方面都是很高級很頂尖，絕對可吸納這個消費層面的客人有餘。

2022 年 12 月 OPEN

THE KARL LAGERFELD

澳門卡爾拉格斐奢華酒店大樓由被譽為時裝界「老佛爺」的卡爾・拉格斐設計，是卡爾最後的作品，也是全球唯一一家。約有 270 間客房，以卡爾象徵性的黑白色為主要用色，酒店內由餐廳以至大堂走廊，每一處都把卡爾簡潔高貴的設計元素，發揮得淋漓盡致。

澳門范思哲酒店

提供約 270 間房間，是全亞洲首家以范思哲（Versace）為主題的豪華酒店，由多納泰拉・范思哲團隊設計，酒店內洋溢着范思哲設計的奢華配飾，粉絲一定愛不釋手。

餐飲篇

上葡京確實傳承到葡京系的傳統，同樣以美食作主導，所以旗下餐廳甫開業便備受注目，也很快便擠身澳門頂流美食圈。上葡京把旗下餐廳分為四大類，有高級餐廳、特色餐廳、休閒餐廳及酒吧。比較有討論度的就是特色餐廳，就是在大眾化的中位線上再加一點點預算，就能吃到優質料理；高級料理就是能在六大博企中一較高下的頂流料理，這些餐廳基本上除了貴就沒有甚麼缺點，人均在 3,000 元起跳。我們就先從比較平易近人的特色餐廳入手。

特色餐廳

自助山面積大，用餐環境舒適。

自助山（西翼 3/F）

上葡京最備受討論的人氣餐廳，因為它是以王者歸來的氣勢再次登陸澳門。之前在新葡京已大受好評，這次主打 600 多款環球美食，中西星馬印葡各地名點樣樣都有。

不過要注意，這裏的收費不時有調整，不同時段供應的菜式亦有所不同，例如人少的時段食物款色比較普通，晚餐就會供應龍蝦鮑魚等，週末晚上更開放燒烤區燒牛扒，過時過節又有財神出來敲鑼打鼓，所以各位預約時就按喜好去選擇時段用餐。

無老鍋（1/F）

無老鍋是最萬眾期待的台式火鍋店，隨着通關之後討論度回復平靜。最令人期待的是其秘製香辣湯底，還有台灣直送的雪糕豆腐、麵包豆腐和鴨血。

無老鍋澳門店的價格有別於台灣，亦令部分客人卻步，因為單是鍋底每人收費 78 至 98 元不等，加湯 38 元一壺，如果 4 人同行，只點個鍋底已接近 400 元。A5 和牛（688 元）、無骨牛小排（398 元）、嚴選雪花牛肉（298 元）、波士頓龍蝦（768 元兩隻），不說我還以為這是台幣價格，再喝杯 68 元的喜力壓壓驚，原來是以澳門幣計算。

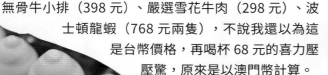

茶樓（1/F）

茶樓主打懷舊廣式飲茶。餐廳由香港著名設計師陳幼堅設計，有用茶磚砌成的牆壁，茶杯做成的穹項，也有以老夫子漫畫製成的燈籠。舊式飲茶當然有點心車，那些阿姐叫賣時，聲音就像莫華倫般響亮，這些都是茶樓帶給我們的趣味。一籠蝦餃 78 元、燒賣 88 元，情懷是要多付一點代價的。

華亭（2/F）

華亭的靈魂人物就是淮揚菜國宴大師嚴永剛師傅，餐廳開業時我訪問過嚴師傅，感受到他專注做菜的熱誠，以及他對用料及技藝上的自信。我印象最深刻的一道菜是清燉獅子頭（88 元），它看似清湯，其實是用很多材料才能熬出這種味道。酒釀紅燒大明蝦用了超級巨大的蝦，一隻 198 元，可說是將用料質素反映在價位上。松露鮑魚東坡肉（528 元），我認為大師做的東坡肉，成本都花在時間細燉慢煮和繁複的工序上，松露和鮑魚是有助食客付錢時心情歡愉一點。

雖然華亭標榜結合中菜、上海菜及淮揚菜，不過我曾和一位老上海來探店，他認為淮揚菜和上海的本幫菜不能混為一談，他認為華亭的口味較偏向淮揚而非本幫菜。各位讀者嚐過後不妨也評價一下。

高級餐廳

上葡京有四家高級餐廳，根據我的用餐體驗，除了味賞，其他三家的人均消費都在 2,500 至 3,500 元之間。不過上葡京的確需要擁有幾家可與六大博企媲美的頂流食府以接待頂尖豪客，所以這幾家無論環境、服務以及出品都是在澳門最頂流的。

御花園（3/F）

主打江太史公菜的粵菜餐廳，江太史公是晚清最後一屆科舉進士，家世顯赫，祖上已為茶葉富商，自己亦涉獵煙草事業，同時亦對食甚為講究，其家宴自成一派，此技藝本不外流，後得孫女著書而發揚光大。御花園總廚莊嘉輝師承香港知名食府桃花源小廚的黎有甜，黎有甜師傅是江太史公最後一位家廚李才的弟子，因此一脈傳承。

御花園的設計以宮廷園林為特色，每間廂房都以不同風格設計，從古典到現代都極顯奢華。

總廚莊嘉輝

太史鳳凰羹（228 元 / 位）
這是從太史五蛇羹演變出來的一道菜，隨着近年已較少人吃野味，原來的蛇肉也改為鷓鴣代替。

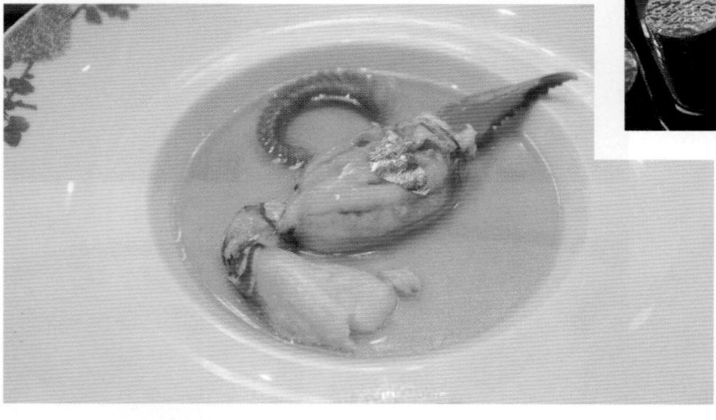

原隻鮮蟹鉗（488 元 / 位）
這道菜有兩大看點，一是食材豪華，要採用極巨型的蟹才能取得此尺寸的蟹鉗；二是工藝巧手，如果在去殼過程中弄散蟹肉便要報廢，所以這道菜不只是味覺層次的較量。

水晶虎蝦球（308 元 / 位）
一道在傳統老菜基礎上加以創新的菜式，用上很大隻的虎蝦細心拆肉，再油泡成脆蝦球，搭配金華火腿及 25 年意大利黑醋和蠔油點綴提鮮。

瑞兆（THE KARL LAGERFELD 3/F）

瑞兆

邀請香港米芝蓮一星的「瑞兆」來澳的首家日式廚師發辦（Omakase）料理，由總廚紀之本義則主理。有別於一般 Omakase 以壽司為主，這裏以「割烹」形式提供前菜、烤物、鍋物、麵類、壽司等十多道菜式，更講求切割及烹調技巧。

瑞兆只設有六個位，廚師很重視與客人交流，透過觀察溝通，了解他們的喜好而作出調整。剛開業時一晚只做兩場，人均消費 2,500 元起，現在降低了門檻，晚餐時段每位 1,800 元有 8 道菜、2,500 元有 9 道菜，更增設午市 1,300 元 6 道菜。1,300 元的價格較貼近澳門坊間 Omakase 的消費水平，雖然只有 6 道菜，卻體驗到大師的作品。目前還比較少人留意到這價格上的微調，這可能是本書讀者才知道的彩蛋吧！

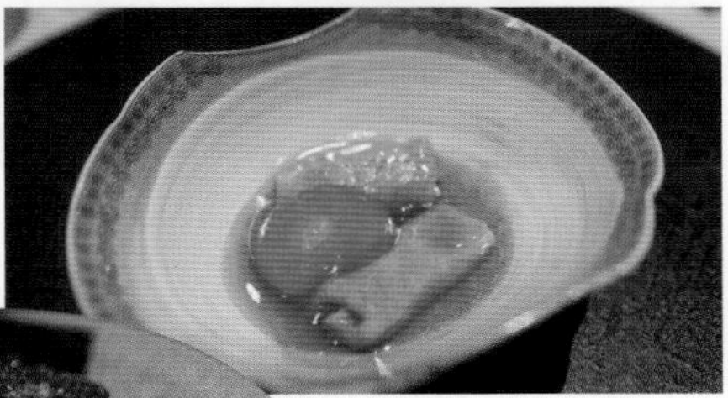

DON ALFONSO

當奧豐素 1890（范思哲酒店 3/F）

我在上葡京最喜歡的一家餐廳。當奧豐素 1890 是意大利知名餐廳，約 10 年前在新葡京開設澳門首家分店已受食客歡迎，但上葡京這一家更特別，位於 Palazzo Versace 酒店內，所有佈置都是 Versace 意式宮廷風格設計，餐具是 Rosenthal 與 Versace 聯乘的「亞洲夢」華美餐具。

雖然有點貴，不過我認為在澳門同類型餐廳中性價比最高，而且餐廳有不斷下調價格，更加親民。剛開業時他們只提供晚市套餐，未配酒的 7 道菜人均消費要 2,500 元起，最近再看他們的餐單，經典晚餐 1,488 元、品味晚餐 2,088 元、白松露晚餐 2,888 元，更有三道菜午餐 588 元，甜品另加 128 元，感覺比之前的定價更靈活。

如果想吃到當奧豐素更加實惠菜式，可以到新葡京的「當奧豐素意式料理」享用午市套餐，400 元就有前菜、主菜及甜品。

味賞（THE KARL LAGERFELD 3/F）

味賞是一家我曾經充滿期望卻又不似預期的新派葡國菜餐廳。我先介紹其優點，餐廳由時尚大師 Karl Lagerfeld 親自設計，每個細節都運用了很多 Karl Lagerfeld 經典的黑白金色元素。此外餐廳有兩大自豪特色，一是從香港知名酒吧請調酒師設計了一系列以澳門及中草藥為創作靈感的調酒，二是其新派葡國菜。

味賞擁有很好的用餐環境以及服務，但餐點有些為了追求視覺上的精緻高雅，很容易讓客人無法從價格和菜名估計分量，往往令請客的主人家處於尷尬境地；看菜單以為點了金槍魚，端上來卻是似三支甜筒的小吃。若能在餐牌上附上食物圖片、分量會較好，如果要給客人驚喜就把這裏定為廚師發辦，明碼實價人均多少 ，不致有失預算。

這道名菜**金槍魚脆筒配辣醬油**（138 元），你可能會以為點了一份魚，其實是只有一口分量的小吃。

味賞海鮮飯（898 元），分量不多，4 人分吃可能每人只有一小碗，不能跟澳門的葡國海鮮飯比擬。

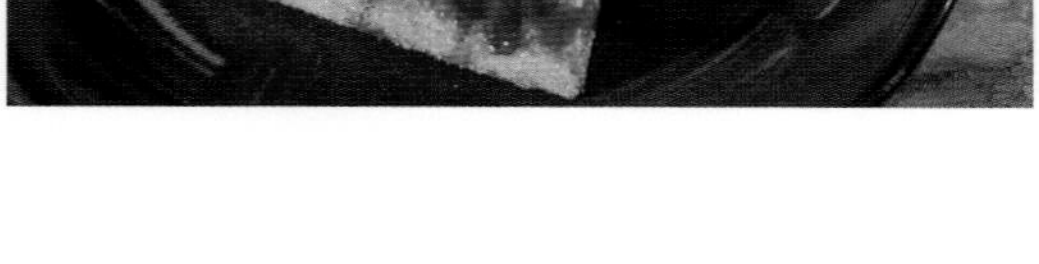

新濠天地

說到金光大道上的頂流餐飲，就不得不提新濠天地及附屬的摩珀斯酒店五大餐廳：米芝蓮三星的中餐「譽瓏軒」、兩星的法國餐廳「杜卡斯」、創意中餐「天頤」、集杜卡斯先生世界各地菜式與法國菜融合的實驗式餐廳「風雅廚」以及有精緻法式甜點的「摩珀斯酒廊」。

新濠风尚

不過以上五家都是頂級餐廳，完全不能以性價比評論，只要銀兩充足，他們便可帶你走進餐飲世界的奇幻旅程。所以我想介紹兩家新濠天地內比較貼地的餐廳：一家是近日受網紅追捧的「金映閣」，另一家很少在網上有人提起，但在朋友間口耳相傳的「喜盈樓」。

地 路氹連貫公路
網 www.cityofdreamsmacau.com/
地 ① 搭乘新濠天地免費穿梭巴士，詳情可參閱官網
② 乘巴士 15、21A、25、25AX、25B、26、26A、51X、56、73S、MT4、N3 於連貫公路或新濠天地下車
③ 乘巴士 25BS、30X、35、51A、701X、MT1、MT3 於望德聖母灣馬路或連貫公路下車，步行 5 分鐘

位於摩珀斯酒店三樓的風雅廚由米芝蓮三星名廚杜卡斯為澳門特別打造，以他在世界各地的用餐體驗而得出靈感。

天頤招牌菜「香茅煙乳鴿」，改良自 70 年代的脆皮乳鴿，選用廣東省中山市石岐的 23 天乳鴿，製作時表面塗上醋和麥芽糖，烤熟後再以香茅燻製，達至皮脆、肉嫩、骨香的三重享受。

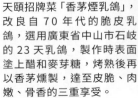

新濠天地五大餐廳的廚師：（左起）天頤餐廳總廚黃贊奇、摩珀斯酒廊廚藝總監 Christophe Duvernois、譽瓏軒行政總廚歐陽文彥、風雅廚餐廳總廚 Safa Rodas、杜卡斯餐廳主廚 Cedric Satabin。

金映閣連接賭場，在賭場內的門口比較明顯；如果不想經賭場進入，酒店一樓商場內也有一個隱閉入口。

據侍應介紹，金映閣已開了 7、8 年，但中間經歷了好幾年的停業，最近重新開業，也得到各路網紅在不同渠道推薦，於是它再次出現在我的視線。其中最吸引我的是豆沙獅頭大包，本來在探店當天想跟廣州東湖酒樓的網紅醒獅包比較一下，但是原來豆沙獅頭大包製作十分繁複，廚師一天只能製作 10 個，所以如果想吃到豆沙獅頭大包只能請早，或在一開店的 10 點下單就有機會試到。

2023 年

REOPEN

金映閣

址 新濠天地一樓

時 10:00~23:00

餐牌上的豆沙獅頭大包。

特別值得一讚是這裏的叉燒，從均勻的油脂分佈及有別於一般叉燒的彈性可看出所用的是高級豬肉，據說是黑毛豬，鹹甜度亦得宜。

雖然沒有試到豆沙獅頭大包，我們也試了其他幾款人氣點心：巧手三色餃拼盤（118 元）、爆竹脆蝦腸（98 元）、海鮮手袋酥（78 元）以及燒味拼盤（188 元），茶位每人 48 元，以點心來說有些奢侈，不過現場所見仍有頗多食客被點心的精緻外形吸引而來。

喜盈樓

喜盈樓的入口十分隱閉，就在新濠天地大門直入的購物區域一面不太起眼的板間牆進入，見到一條銀色的神龍左轉就會見到。

介紹金映閣的同時我亦想介紹另一家中餐廳作為參照，或者是一個不同性價比的選擇，提供精品粵滬川菜、滬港點心及海鮮火鍋蒸鍋。過去很少看到有網紅介紹，但卻在朋友同事之間口耳相傳。

喜盈樓獲得口碑的原因通常是指坐得舒服，套餐和點心抵食，澳門人更有額外 83 折優惠，不過還是要提醒注意海鮮的價格，特別是時價海鮮還是要問清楚。

喜盈樓

址 新濠天地西區一樓

時 週一至五 11:00~22:30

週六、日及假期 10:00~22:30

喜盈樓除了點心和午市套餐，亦有提供晚市及賀年套餐。

看看我們最近一次探店的消費吧！椒汁王蒸魚雲（42 元）、椒鹽九肚魚（98 元）、蝦餃王（48 元）、天鵝酥（42 元）、蟹粉小籠包（88 元）、葱油開洋拌麵（58 元）、茶位每人（24 元），共 400 元，加上服務費及澳人 83 折後以 372 元結賬，是金映閣的六成。所以喜盈樓能在新濠天地內各大頂流餐廳的狹縫中爭一席之地也是有其生存策略，我亦希望籍這篇介紹一下新濠天地內幾個不同價位的餐廳供讀者選擇。

建築面積超過 14 萬平方米，空間媲美澳門大型渡假村的葡京人酒店，原來只有 4 星級，據說皆因缺少了健身房，有這麼大的空間，既有室內泳池卻容不下一個健身房，是不能也，還是故意為之？

澳門 葡京人

CASAdeAMIGO
WITH LINE FRIENDS

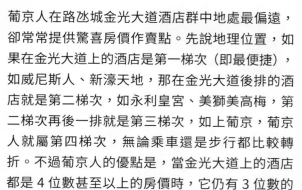

地 澳門路氹溜冰路
網 www.lisboetamacau.com/zh-hant/hotel/lisboeta/
交 ① 可於各口岸或永利皇宮乘坐免費穿梭巴士前往，詳情請參閱官網
② 巴士 51、59、35 及 N5，於溜冰路或葡京人站下車。
③ 乘輕軌至東亞運站，步行約 5 分鐘

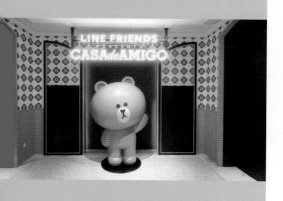

葡京人在路氹城金光大道酒店群中地處最偏遠，卻常常提供驚喜房價作賣點。先說地理位置，如果在金光大道上的酒店是第一梯次（即最便捷），如威尼斯人、新濠天地，那在金光大道後排的酒店就是第二梯次，如永利皇宮、美獅美高梅，第二梯次再後一排就是第三梯次，如上葡京，葡京人就屬第四梯次，無論乘車還是步行都比較轉折。不過葡京人的優點是，當金光大道上的酒店都是 4 位數甚至以上的房價時，它仍有 3 位數的房價提供，當然也有高房價房型。

LINE FRIENDS
PRESENTS
CASAdeAMIGO

葡京人酒店設有 820 間房，分為三大主題：以 1960 年代老澳門為題的葡京人酒店，以卡通人物為主的 LINE FRIENDS 酒店，主打天然護理品牌的 L'OCCITANE 酒店。

酒店篇

葡京人酒店

三間主題酒店中房間最多，佔所有房間的 70%，房間設計簡潔明亮，性價比亦最高。

LINE FRIENDS 酒店

LINE FRIENDS 酒店房價一般從 4 位數起跳，有 82 間房，分為 LINE FRIENDS 主題房、BROWN 主題房和 CONY 主題房，每間房的油畫都不同，由牆紙到地毯都是 LINE FRIENDS 可愛人物，很適合打卡。

部分房型設有露台，LINE FRIENDS 角色有 BROWN 或 CONY。

房間沒有冰箱和零食吧台，有需要可以在走廊的小食販賣機購買，要注意的是只能用電子支付。

房間內部分物品備有價目表，喜歡的話可接洽工作人員購買。

最大的套房會同時出現好幾個 LINE FRIENDS 角色。

L'OCCITANE

當然羊毛出自羊身上，較大房型的沐浴露比較大瓶，保養品也較多。

一般房型的沐浴露比較小，附送的保養品也少兩瓶。

L'OCCITANE 酒店

位於葡京人較高樓層，房價亦最高。最大特色是全房都是使用 L'OCCITANE 品牌護理產品，也有個隱藏特色，就是「能帶走的 L'OCCITANE 用品都能帶走」，例如沐浴露、洗髮乳還有特製的枕頭香薰等等。

餐飲篇

葡京人有幾家自家餐飲品牌，有懷舊茶樓澳門皇宮、茶餐廳樂哥冰室、中式麵家招牌麵、西式咖啡酒廊 ANGELA’S CAFÉ 以及最令人期待的 LINE FRIENDS CAFÉ。

THE GROCERY STORE
Gelato

LINE FRIENDS CAFÉ（2/F）

時 週日至四 11:00~20:00、週五六 11:00~21:00

由於 LINE FRIENDS CAFÉ 至截稿前尚在試業中，室內佈置以及餐牌有機會再進行調整，所以暫時未能判斷出品質素。就目前所見室內佈置就很令人期待，如果餐飲出品和價格定在合理水平，將會成為一個賣點。

澳門皇宮（2/F）

時 11:00~14:30、17:00~22:30

懷舊式酒樓，我很喜歡其外形像昔日的皇宮海鮮舫，周圍的環境就像以前澳門內港碼頭的縮影。酒樓最有特色的是九宮格點心拼盤，如果人不多，可以一次試到多款點心。

ANGELA'S CAFÉ（1/F）

時 09:00~19:00

曾經在澳門新八佰伴、澳門博物館受本地人歡迎的 ANGELA'S CAFÉ 一度全線停業，如今再次出現在葡京人，更結合酒吧，店面更華麗及寬闊。雖然地點轉換了，不過昔日最受歡迎的自選三文治仍然保留，相信老饕將會再次慕名而來。

燊哥冰室（1/F）

時 07:00~00:30

以懷舊茶餐廳營造燊哥（何鴻燊博士）昔日情懷，營業時間也特別長，包辦早餐至宵夜。這裏供應懷舊茶餐之餘，也有創新菜式，如龍蝦搭配公仔麵，亦有好幾款特色菜以燊哥名字命名，如史丹利炒飯、燊哥必食套餐等。有時也會推出一些特惠套餐，吸引本地客來嚐鮮。

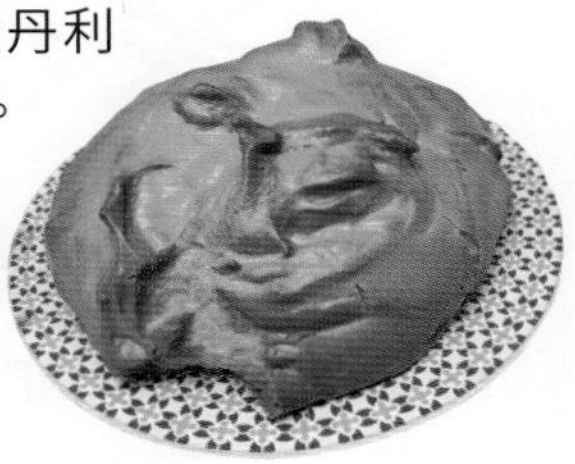

招牌麵（1/F）

時 08:30~22:30

主打雲吞和水餃的招牌麵也是懷念燊哥之作，其實燊哥除了辦娛樂場了得，對食亦十分講究，例如新葡京的粥麵莊和外港碼頭的南北麵點小廚在做粥麵的工藝上尤為出色。招牌麵頂着燊哥的光環也見到他的影子，雲吞皮薄餡靚，生麵彈牙，價格在酒店餐廳中也算合理，甚至比沒有茶水、沒有服務的美食廣場還要物美價廉。

牛腩雲吞麵（52 元）

這裏也會提供抵食套餐，例如 88 元包括飲品、小食、小菜和分量不少的鮮茄魚片麵。

蟹八卦 九拾九
蟹四象 一佰五
蟹兩儀 一佰八

上海人氣餐廳「蟹家大院」進駐澳門的首店，最大特色是可以**一年四季都吃到大閘蟹**。過去澳門一年大概只有一至三個月才能吃到肥美的大閘蟹，而蟹家小院是主打大閘蟹的餐廳，實在有其獨到之處。

大閘蟹售價不貴，要嚐鮮只需 99 元起跳，明碼實價用木板釘在門口牆上，童叟無欺。

2023 年 9 月

OPEN

蟹家小院

址 澳門葡京人懷舊澳門區 F01-F03 舖
時 10:00~23:00

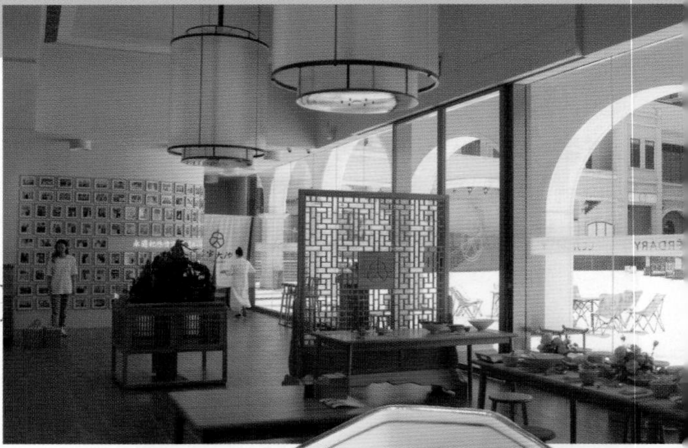

甚麼是蟹兩儀、四象和八卦呢？就是一碟麵有一半是蟹黃就是**蟹兩儀**，分量如此類推的遞減。

雖然是分量遞減，但**蟹四象**不是麵，而是黑松露蟹粉撈飯。

蟹八卦是燕皮蟹粉餛飩。

鋪得滿滿的蟹黃名為「**蟹黃金・生日麵**」，一碟麵足足用上 12 隻大閘蟹、約 200 克蟹黃，售價 360 元。

最後還有終極大佬「**飛天蟹**」，在蟹殼上用鐳射打上「蟹家大院」及「飛天蟹」字樣，還用據說由 28 根蠶絲製成的繩子綑蟹，上面掛着雲母貝的名片以茲識別。

究竟甚麼是「飛天蟹」？飛天者，53°醬香飛天茅台是也，據說市場價近 3000 元一瓶，再搭配陳年黃酒釀熟醉蟹。如此高貴的用料，才賣 300 元一隻，所以我認為蟹家小院是目前葡京人最具特色和吸引力的餐廳。

2023 年 6 月
OPEN

The Cotiz Macau

址 澳門葡京人 H853 Fun Factory 娛樂廠 1/F
時 週一至四 11:00~19:00
週五至日 11:00~21:30

個人覺得葡京人的餐飲做得最出色的是 Café，例如這家 The Cotiz Macau，和剛才提及的 LINE FRIENDS CAFÉ。這是一家京都風的日式烘焙店，人氣出品有酥皮泡芙，亦有昭和風硬布丁以及各式手沖咖啡。

cotiz

百福小廚牛腩麵。

美食廣場

至於美食廣場，我建議各位先觀察現場環境再自行判斷是否光顧，因為最近一次探店的經驗，感覺現場工作氣氛頗散渙，雖然加盟的都是澳門薄有名氣食店，但是可能目前這裏的人流不多，所以出品上跟這些名店平時的質素有一定程度落差。

遊樂設施篇

葡京人有兩大廣為人知的遊樂設施，就是長達 388 米的澳門飛索，以及可以體驗在無重狀態的室內跳傘 GoAirborne。

BEEBEELAND

葡京人另外兩個較為貼地的娛樂設施有 IMAX 英皇戲院，以及同樣位於葡京人 2 樓、有萬呎空間的 BEEBEELAND 蜂狂天地，適合本地人來逍遣。

澳門飛索

GoAirborne 室內跳傘

址 澳門葡京人 H853 Fun Factory 娛樂廠 1/F
時 09:45~22:00
費 有多種組合，新手體驗價 799 元
網 https://mobooking.goairborne.com/

澳門飛索

址 澳門葡京人懷舊澳門區 R89、R100 舖
時 週四至週一 14:00~22:00
費 飛索體驗 388 元起
網 www.zipcity.com/zh-hant

蜂狂天地佔地約 10,000 呎，包括 7,000 呎的電子遊戲區及 3,000 呎的兒童樂園。

MAP
往路環碼頭
里斯本地帶餐廳
田畔街
竹灣馬路
屠場前地
恩尼斯花園
Seu Cafe
打纜街
中街
肥圍咖啡室
路環郵政分局
大灣
十月初五馬路
雅憩花園餐廳
打纜路
聖方濟各堂
橋記咖啡美食
入便街
路環壹號
水桶巷
情人街
計單奴街
民國馬路
船舖街
路環天后古廟
譚公廟
凱撒高爾夫
石排灣水塘
路環東北行山徑
石排灣馬路
熊貓館
土地暨自然博物館
媽祖文化村
黑沙海灘
法蘭度餐廳
路環碼頭
竹灣馬路
黑沙青年旅舍
竹灣酒店
竹灣海灘

❶ 九澳聖母村 ❷ 澳門海上遊（媽閣—路環航線） ❸ 荔枝碗船廠片區 ❹ 泰興棧 ❺ 澳葡金奇 ❻ 十月初五馬路 ❼ 安德魯咖啡店 ❽ 安德魯花園咖啡店 ❾ 路環輝記美食茶座 ❿ 聽海 ⓫ 鏡海教育中心 ⓬ 小日子路環店

路環

路環是澳門最南端，也是面積最大的島嶼，現在已經與路氹城連接，難以分清原來的邊界。由於路環遠離市中心，因此交通沒有像澳門半島和氹仔般便利，對旅客而言是較深度的旅遊選項。不過澳門政府這幾年在此開發了不少旅遊資源，也曾經在這裏舉辦類似關前薈和悠氹仔的推廣活動，亦活化了一些廢棄場所。

大家對路環較為熟知的景點有路環市中心，這裏的教堂也曾是香港電影和韓劇的取景地，市區也有安德魯葡撻創始店。

九澳
燈塔
澳門高爾夫球
鄉村俱樂部

交通

巴士 25、26、50、N3 → 路環市區

15、21A、26A → 路環居民大會堂

九澳聖母村建築群為澳門古蹟，在不破壞原有建築的情況下，上廁所也只能使用附近的流動洗手間，所以要有心理準備。

九澳聖母村

費 免費參觀
網 www.macaotourism.gov.mo/zh-hant/events/whatson/8083/
交 巴士 15S1、21A 至九澳七苦聖母小堂

九澳聖母村是位於澳門路環九澳村旁的建築群，前身是九澳痲瘋院舍和七苦聖母小堂，荒廢多年，2020 年活化後成為文青打卡點。

七苦聖母小堂。

不過這裏對自由行旅客來說較難前往，由於昔日是與世隔絕的痲瘋院，與路環市區相距甚遠，因此到目前為止交通配套仍不多，就算是本地人自駕，周邊的合法車位也有限。不過，如果對九澳痲瘋院這段重要歷史深感興趣，或者是對澳門非常熟悉的高級旅行家，也值得來實地考察。

現時九澳聖母村的咖啡店和展覽館都是聘用戒毒的更新人士，讓他們重新投入社會，所以我希望在交通配套日益完善下，會有更多人前往活化後的九澳聖母村遊覽以表支持。

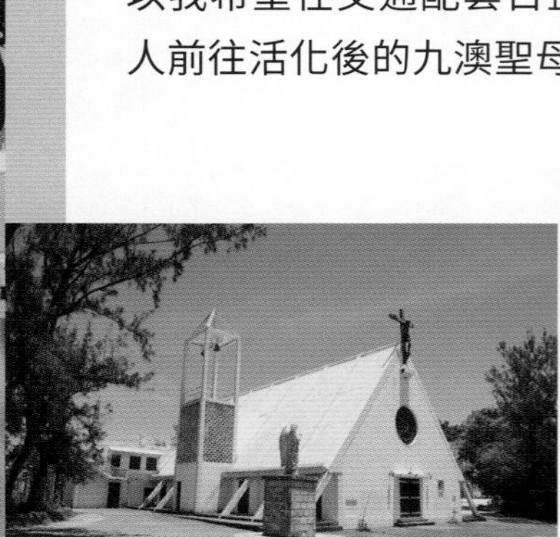

九澳聖母村昔日是尋幽探秘，午夜探險的勝地。

MACAU
CRUISE
澳門海上遊

澳門海上遊
媽閣——路環航線

「你想回到 400 年前用葡萄牙人從海上登陸澳門的視覺去遊覽澳門嗎？」、「你想看看當年爸爸如何從澳門去路環玩嗎？」，這是我聽到澳門海上遊時發自內心的靈魂拷問，所以我在開通首日乘坐這條航線，用另一個視覺去觀察這個我生活了很多年的城市。

時 週五及日 15:00 / 17:00、週六 17:00
費 60 元
網 www.macaucruise.com
交 (前往路環碼頭) 巴士 25、26、50、N3 至路環市區後步行，或 15、21A、26A 至路環居民大會堂後步行；(前往媽閣碼頭) 巴士 1、10、11、18、2、5、60、61、65、6B、16S、21A、26、28B、55、71S、MT4、N3 至媽閣廟站

40 年前，澳門、氹仔、路環三個島尚未有跨海大橋相連，當時大家從媽閣碼頭出發，坐船到氹仔和路環。隨着大橋開通，人們走路都可以到離島旅遊，媽閣到路環的航線就此被取代。相隔 40 年，「澳門海上遊」觀光航線再度啟航，航程約 30 至 45 分鐘，乘客可從海上飽覽媽閣廟、東望洋炮台、主教山、澳門科學館、觀音蓮花苑、澳門旅遊塔、路氹多個大型綜合渡假村等。

小貼士

目前除了「澳門海上遊」這個品牌在營運，澳門美高梅亦承包了部分航線，據稱美高梅採用同樣船體，走同樣航線，但會用美高梅自家的船身貼紙，自設航程班次，船內亦會播放自家品牌的宣傳片等。由於航班檔期經過好幾次調整，出發前宜先到酒店官網了解最新航班情況。

網 www.mgm.mo/zh-hant

媽閣碼頭

路環碼頭

媽閣碼頭 Ponte-cais da Barra
媽閣碼頭

2023 年 6 月
OPEN

荔枝碗船廠片區

澳門是自明朝海禁之後少數獲得特殊待遇的港口，在世界貿易史上澳門亦是有名的中繼港，明朝嘉靖中葉以後，澳門對外貿易迅速興起，很快成爲廣州對外貿易的外港，和西方國家在東方進行國際貿易的中轉港，因此澳門的造船事業曾經一度得以蓬勃地發展。位於路環的荔枝碗船廠始建於上世紀 50 年代，並於 90 年代起停止營運，是澳門僅存較為完整的造船工業遺址。

路 路環荔枝碗馬路
時 全日開放，展區 10:00~18:00
費 免費入場
網 www.icm.gov.mo/cn/Laichivun
交 ① 穿梭巴士：（澳門）羅保博士街澳門廣場側，去程 14:00、16:00，回程 18:30、19:00；（氹仔）濠庭都會第 11 座氹仔中央公園側，去程 14:30，回程 18:45
② 巴士：25、26、50、N3 至路環市區後步行，或 15、21A、26A 至路環居民大會堂後步行
③ 從路環碼頭徒步 8 分鐘

船廠就在距離路環碼頭約 8 分鐘腳程，由於要上落一個小山坡，道路狹窄，而且時有快車經過，所以走此路段要特別小心。

「記憶船承」以短片形式介紹造船的工序。

記憶船承

歲月印記
—荔枝碗村的故事—
Memórias do Passado – História da Povoação de Lai Chi Vun
Moments in History – The Story of Lai Chi Vun Village

「歲月印記——荔枝碗村的故事」展覽。

「匠人船藝」展示昔日船廠使用過的工具。

展區設有駐場導賞，時間是逢週六下午 3 點至 4 點，及 4 點至 5 點，設有粵語和普通話講解。

荔枝碗船廠的活化計劃在民間醞釀近十年，近年終於獲得契機進行活化，現階段活化面積約三千多平方米。園區內設有展覽、表演空間及工作坊等。目前設有長期展覽「歲月印記——荔枝碗村的故事」，以三個展區「船說故事」、「匠人船藝」及「記憶船承」介紹荔枝碗造船業的歷史和工藝水平。

漢記

荔枝碗船廠旁邊的路環漢記，以炭燒手打 400 次咖啡馳名，亦曾經引起韓國手打 400 次咖啡的風潮。

每逢週五至日及假期下午 3 點至 7 點設有特色市集。

TAI HENG CHAN
泰興棧
Est.de Comidas
TAI HENG CHAN
泰興棧

泰興棧

路 澳門客商街 29 號 31 號地下
電 (853)2883 3778
時 07:00~21:00
休 週一
交 巴士 25、26、50、N3 至路環市區後步行，或 15、21A、26A 至路環居民大會堂後步行

泰興棧的魚也做得很出色，特別是西洋白焓鱸魚，要到晚市才會提供，而且即叫即做，一般要等 45 分鐘，所以店家建議預訂，不但可以提早做，而且新鮮鱸魚也不是天天有貨，如果沒有或許要用馬介休代替。

泰興棧在疫情期間開業，也是我近年在路環比較喜歡的餐廳。這裏的粵菜和葡菜均出色，我最喜歡他們能做出在澳門久違了的老味道，那種油香和鑊氣在澳門近 20 年少見，吃上去很像福龍新街一帶那些五六十年老飯店的味道。

中午的泰興棧，為了招待流轉比較快的客人，菜式都以套餐為主，沒有小菜。最受客人青睞是焗骨飯，這是在澳門很受歡迎的美食，一般在炒飯底上鋪上炸豬扒，再淋上以番茄為基調的醬汁，然後放入焗爐焗至表面焦脆。

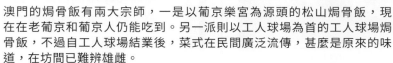

澳門的焗骨飯有兩大宗師，一是以葡京樂宮為源頭的松山焗骨飯，現在在老葡京和葡京人仍能吃到。另一派則以工人球場為首的工人球場焗骨飯，不過自工人球場結業後，菜式在民間廣泛流傳，甚麼是原來的味道，在坊間已難辨雄雌。

不過我仍舊記得工人球場焗骨飯的食法，就是把金屬食盤反過來把飯倒在碟上吃，這樣就可以把飯和汁均勻拌着吃。如果沒有反過來便吃，一來飯蓋得太滿，醬汁容易溢出，二來不容易拌勻吃會導致面層太鹹，炒飯不夠汁的情況。

後來我才知道這家新店能做出老味道並不是無根可尋，原來他們在水上街市經營飲食多年，後因颱風天鴿令店舖盡毀，於是在河邊新街以「金三角海鮮火鍋飯店」從新開始，之後又在路環和崗頂經營兩家不同定位的「泰興棧」。

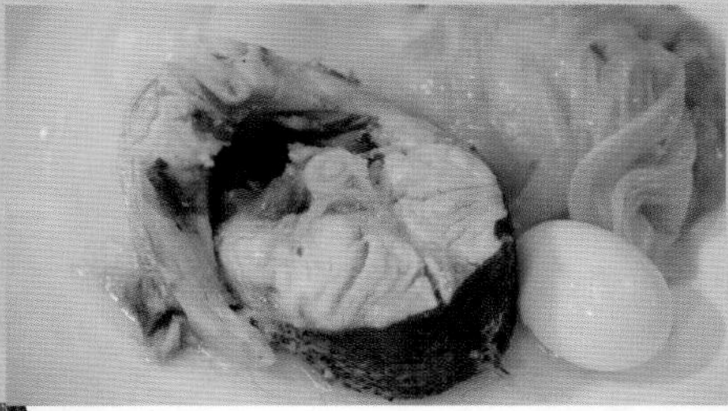

白烚鱸魚比較清淡，吃的是一種葡式情懷，可能對喜歡重口味的朋友不太習慣。或者試試這裏的燒雞配泰式酸辣雞醬，可能更能引起一般人的食慾。

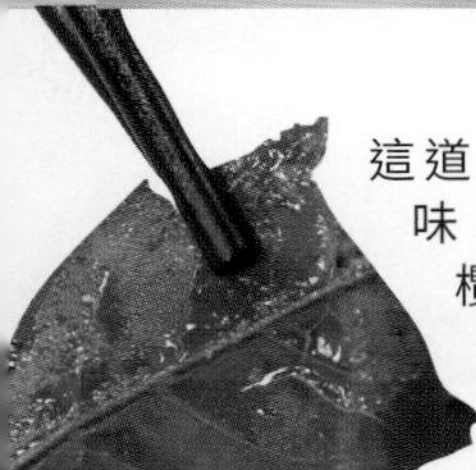

這道菜很清，吃的是食材的鮮味，不能配豉油，所以會用橄欖油提鮮。他們選用的橄欖油礦物味比較濃香，跟意大利精煉的橄欖油不太一樣。除了能吃到鱸魚的鮮甜，還有魚肉結實的質感，薯仔的甘香鬆脆，椰菜的鮮甜，還有水橄欖和雞蛋。我不經意夾起半片鹹蝦葉，這就是店家不願被我見到的秘方，不過這也是土生葡菜中很經典的香料，沒甚麼好藏的。

原來二樓有個秘密空間，牆身突顯出這幢古建築的痕跡。

最近在路環悄悄崛起的文創餅食手信店。

2023 年 5 月

OPEN

澳葡金奇

源自 1964 年的加蛋餅老字號家族，其後人想從祖先流傳下來的技藝注入新元素，以中式酥餅的工藝，製成曲奇外形，並加入各種新口味，成為中西交融的澳葡金奇。加蛋餅又名全蛋光酥餅，主要由雞蛋、牛油、白砂糖和麵粉製成。以加蛋餅的工藝製作曲奇，會**比一般曲奇多了一種酥脆**，又比傳統的加蛋餅多了不同口味，如薑汁、咖喱、巧克力等。聽起來好像很衝突，吃起來感覺就像更脆的曲奇。

地 路環客商街 9 號地下
時 11:00~19:00
交 巴士 25、26、50、N3 至路環市區後步行，或 15、21A、26A 至路環居民大會堂後步行

多款口味酥餅可免費試吃。

酥餅包裝精美，比常見手信更具澳葡特色。

Bolacha de Caril
咖喱酥
Bolacha de Caril
咖喱酥

店內一隅兼售多款文創產品，多以貓為圖案。

路環必到六選

十月初五馬路

路環市區有一個很多網紅博主常常介紹錯的地方，就是十月初五馬路。電視劇《十月初五的月光》主要拍攝地是澳門半島的十月初五街，而十月初五馬路是在路環市區沿海的一條主要道路。兩個地方相差 11 公里，坐的士也不便宜吧，而且甫下的士就發現被載到澳門最南端，與橫琴長隆的城堡隔海對望，百般滋味在心頭，所以想特別在此說明。

十月初五馬路
AVENIDA DE
CINCO DE OUTUBRO

十月初五是紀念葡萄牙共和國成立日，所以被用作澳門重要街道的名字。

安德魯咖啡店

地 路環市區屠場前地 9 號地下
電 (853)2888 2174
時 週一至五 09:00~18:00
週六日及強制性假期 08:00~18:00

或許很多人知道安德魯葡撻的總店是位於路環市區，但不一定知道其實有間同名咖啡店在總點旁轉彎處。那裏除了葡撻，還有精緻的早午餐和咖啡，但是座位不多，能不能吃到要看緣分。

咖啡店旁邊有一家更大的安德魯花園咖啡店，是安德魯旗下的泰國菜店，可以電話預約。如果有機會來到路環市區，可以體驗一下讓安德魯承包你的早、午、晚餐和下午茶。

安德魯花園咖啡店

地 路環屠場前地 21C 康靈閣地下
電 (853)2888 1851
時 週一至五 09:00~18:00
週六日及強制性假期 08:00~18:00
交 巴士 25、26、50、N3 至路環市區後步行，或 15、21A、26A 至路環居民大會堂後步行

路環必到六選

簡單用一句話介紹：「識得帶你食路環輝記的都是自己人」，因為以前光顧路環輝記的只有三種人：本地居民、附近高等學校學員、工程大佬，不過時至今日也會有些遊客來體驗澳門最南端的風情。

路環輝記美食茶座

地 澳門打纜街 33-37 號
時 07:00~18:00
交 巴士 25、26、50、N3 至路環市區後步行，或 15、21A、26A 至路環居民大會堂後步行

雞飯

路環輝記的精髓就是雞飯，常看到門外絡繹不絕的名車到來，就為了一碗雞飯。不過我覺得點心也不錯，因為蒸得夠熱，吃着很有氣氛，這裏的茶也很夠味，喝上去竟然有棗香味。

小貼士

這裏不同的用餐時段有不同客源：工程大佬和工程師上午七點就要來吃雞飯；八九點就是大老闆，嘆完茶外面就有七人車接回公司上班；八九點之後便是排隊等位的各路客人，之後就忙忙碌碌一整天。所以雖然同是一個雞飯，不同時段享受到的，是不同的人文風情，並不是一般評論的太鹹太甜所能形容。

蒸鯪魚球

這裏的沙丹豬扒飯也很有特色，雞扒、煎蛋、火腿絲，加上很薄的茄汁和大量洋葱，是自成一格的味道，很有路環風情。

COLOANE TINGHAI

聽海

地 澳門十月初五馬路 206 號
時 11:00~20:00
休 週三
交 巴士 25、26、50、N3 至路環市區後步行，或 15、21A、26A 至路環居民大會堂後步行

據店家介紹這是一家會每周更換雪糕、茶飲、咖啡和甜品口味的店。朋友喜歡這裏是因為甜品很適合打卡，而我則是為了尋求救贖。我好幾次來到聽海，都是在炎炎夏日，走過那沒有遮蔭的十月初五馬路，實在要命。這是路環市區沿海唯一一家雪糕店，而且雪糕的賣相還不賴，每次我來到這裏，都能撫慰我和同行朋友面對酷熱艷陽的那顆躁動的心。

鏡海教育中心

地 船鋪街 179 號榮嘉閣地下 A 座
交 巴士 25、26、50、N3 至路環市區後步行，或 15、21A、26A 至路環居民大會堂後步行

這幢搶眼的建築物位於船鋪前地，大家經過都會被那漂亮的壁畫吸引，原來這是澳門美術協會和澳門年青美術協會的藝術教育基地。從門外看到裏面有很多學生在作畫，協會也會定期在這裏舉辦一些展覽講座。

小日子路環店

地 路環中街 50 號 A 地下
時 10:30~18:30
休 週一
交 巴士 25、26、50、N3 至路環市區後步行，或 15、21A、26A 至路環居民大會堂後步行

這是由知名文化生活雜誌品牌「小日子」延伸出來的文創產品商店，近年進駐澳門，首店選址路環，即成各路文青的打卡勝地。這家店的前身是「路環街坊四廟慈善會康樂中心」，可沿着十月初五馬路往譚公廟方向找到船鋪前地，當見到鏡海教育中心的醒目壁畫時，小日子路環店就在前方不遠處。

MAP

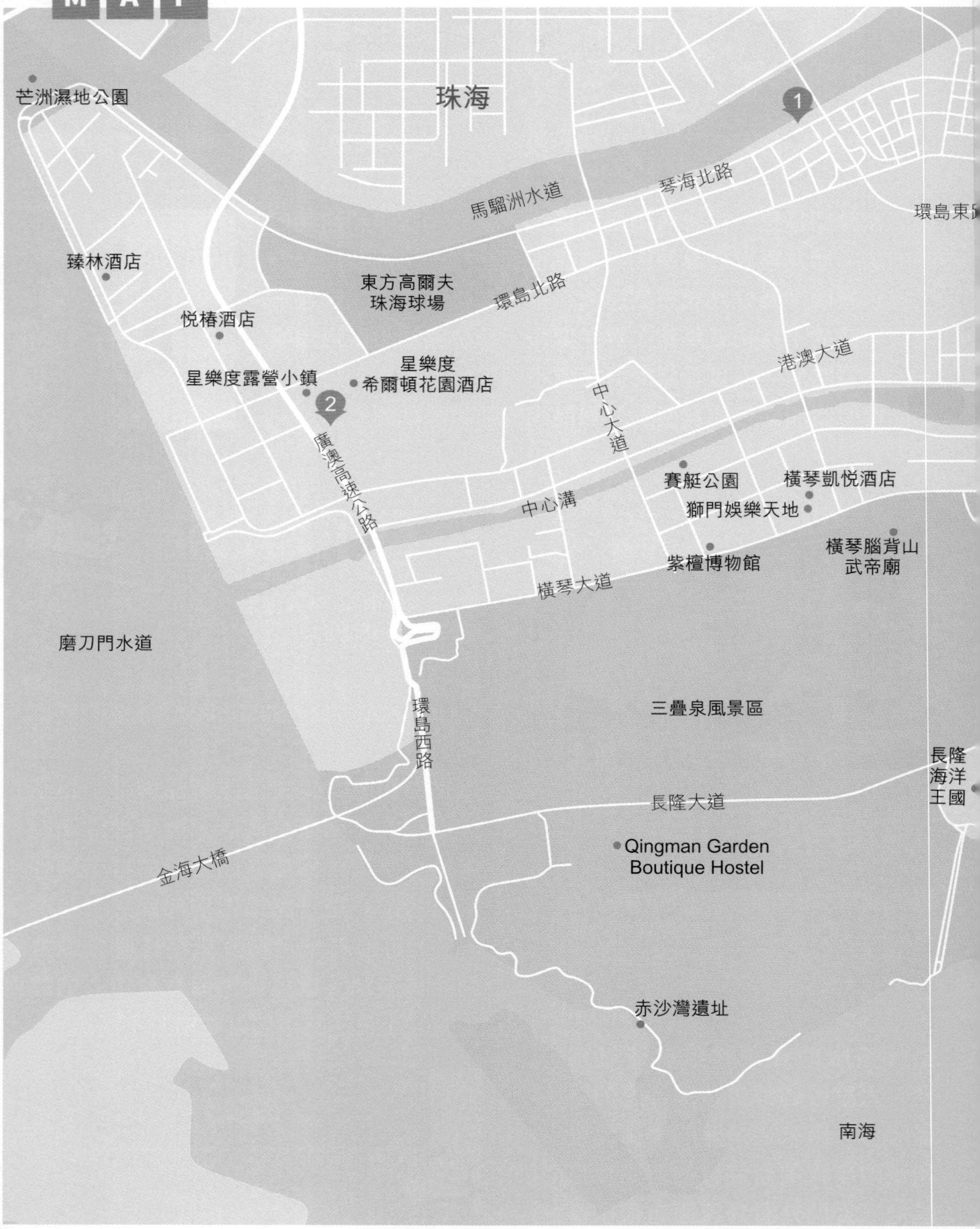
芒洲濕地公園
珠海
1
馬騮洲水道
琴海北路
環島東路
臻林酒店
東方高爾夫
珠海球場
環島北路
悅椿酒店
星樂度
星樂度露營小鎮
希爾頓花園酒店
2
港澳大道
中心大道
廣澳高速公路
賽艇公園
橫琴凱悅酒店
中心溝
獅門娛樂天地
橫琴腦背山
武帝廟
紫檀博物館
橫琴大道
磨刀門水道
環島西路
三疊泉風景區
長隆
海洋
王國
長隆大道
Qingman Garden
Boutique Hostel
金海大橋
赤沙灣遺址
南海

❶ 花海長廊 ❷ 星奇塔無動力世界 ❸ 橫琴紅旗村 ❹ 圓滿海南雞（橫琴店） ❺ 頹記茶餐廳
❻ 長隆宇宙飛船 ❼ 勵駿龐都廣場

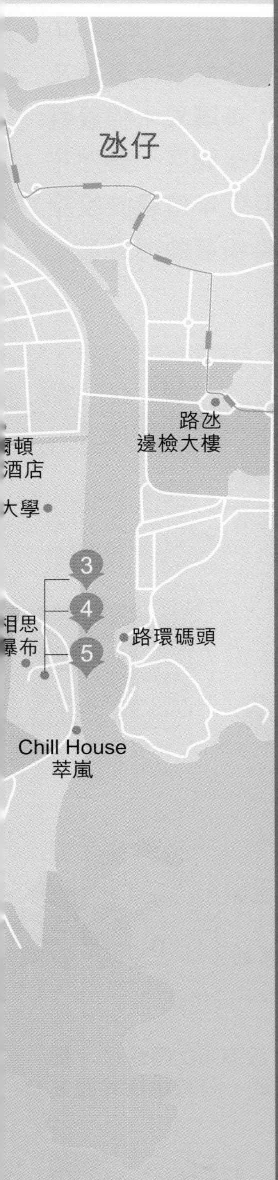
氹仔
路氹
邊檢大樓
爾頓
酒店
大學
3
4
5
相思
瀑布
路環碼頭
Chill House
萃嵐

橫琴

近年橫琴與澳門關係越來越密切，隨着橫琴住宅項目「澳門新街坊」落成，再次引起澳門人了解橫琴生活的興趣，而橫琴在這幾年亦發展出好幾個旅遊生活好去處，我們一起看看吧！

交通

自 2020 年 8 月 18 日起澳門取消蓮花口岸，可以從以下 5 種途徑直接經由橫琴口岸往來澳門與橫琴。

澳門巴士　澳門共有 6 條巴士線到達橫琴口岸，分別為 25B、25BS、50、102X 及 701X 線，而 N6 則為往返澳門大學和科技大學以及多家大型酒店的晚間特別班次。車費為 6 元。

酒店接駁車　部分澳門酒店設免費穿梭巴士往來橫琴口岸及各大酒店，例如威尼斯人、銀河、新濠天地、美獅美高梅、永利皇宮、上葡京及葡京人等。

珠海免費穿梭巴士　橫琴在珠海拱北口岸亦有免費穿梭巴士前往各大景點，例如創新方、長隆海洋王國等，部分接駁車需要提前預約。

澳門輕軌　目前輕軌需要從蓮花站轉接駁車到達橫到口岸，預計 2024 年第三季將有橫琴口岸站可直達橫琴。

琴澳民生專線　合作區民生事務局開通了免費跨境巴士，一站聯通琴澳兩地，通過「小可樂科技」進入「小可樂智慧通勤」小程序，選擇「通勤」便可預約從澳門街坊總會、新葡京酒店、氹仔公園成都街等，到達橫琴口岸、天沐河賽艇會、花海長廊、芒洲濕地公園、勵駿龐都廣場、橫琴創業谷、橫琴新家園等。

花海長廊

花海長廊

橫琴最大的景點莫過於花海長廊，它是灣仔與小橫琴島之間沿着馬騮洲水道而建的綠化休閒帶狀區域，全長 13.6 公里，均寬 60 米，全程可飽覽水道風光。分為三大景區及五個驛站，三大景區分為：美麗異木棉景觀區、鳳凰木景觀區以及木棉景觀區。雖然花海長廊始建於 2015 年，但近年這裏的設施及交通愈趨成熟，再次成為橫琴熱門野營、賞花、觀賞日落勝地。

一号驿站

花海長廊五個驛站各有不同主題，一號驛站被稱為「藝術驛站」，設有藝術展廳，舉辦多項藝術活動。

花海長廊設有 5 個驛站，可利用免費無人駕駛的公交車代步，每天往返 20 個班次。

五號驛站為冶野城市露營，設有 50 個營位，提供露營裝備、食材、工具租賃，同時是橫琴觀賞日落的好地方。

三號驛站風之子俱樂部，是國際化的騎行基地，也舉行騎行賽事。這裏也有很廣闊的野營區域，佔地達一萬平米，提供清洗食物及補給設施，不少一家大小週末會在此紮營野餐。

呈粉紅色的異木棉。

二號驛站設有時光郵局，可以在這裏寄信給未來的自己，像電影情節般浪漫。

特別想介紹的是異木棉景觀區，甚麼是異木棉？嶺南地區最具代表性的花就是木棉花，也成為廣州的市花，以大紅色的花朵見稱，開花季節會把萬山遍野都染成紅色，因此被稱為英雄樹。但異木棉開花時呈粉紅色，因此也有人叫它做「櫻花木棉」，拍照時十分好看。花海長廊的美麗異木棉景觀區種有 4,700 株異木棉，長達 6 公里，每年 2、3 月盛開時，長廊一遍粉紅，極奇壯觀。

橫琴芒州濕地公園

消失的四號驛站，位置就在橫琴芒州濕地公園，擁有濕地及紅樹林，大量鳥類在此棲息。設有三個攬月觀景台，可 360 度飽覽橫琴水陸自然生態及河道風光。園內亦設有浮橋、棧道、碼頭，可以不同形式體驗水陸交融的生態環境。如果覺得園內環境太廣闊，亦可租用單車或電動車代步。

橫琴賽艇公園（天沐河公園）

天沐河公園是一個隱藏的驛站，也是露營野餐區域。公園沿天沐河而建，全長 7.2 公里，設有專業賽艇中心、鍾文耀紀念園、賽艇碼頭、艇迷廣場等。

橫琴 Chill House 沐餐廳

在天沐河公園有一家十分顯眼的餐廳 Chill House，室內外佈置都很 Chill。店內提供全方位西式餐點，由手沖咖啡、輕食沙律、Pizza、意粉到牛扒俱備。網上流傳有米芝蓮三星主廚坐鎮，這點我無法證實，但看出品無論色香味都很對辦，而且價錢合理，環境優美，值得推薦。

Welcome

2023 年再次火紅起來的「星奇塔無動力世界」其實是橫琴星樂度露營小鎮的第二期。星樂度露營小鎮位於橫琴新區西北區域，佔地約 28 公頃，首創以自駕、露營和樂園三合一的綜合渡假體驗，簡單來說就是提供露營車住宿體驗的營地。

星奇塔 無動力世界

地 珠海市橫琴新區環島北路 108 號
時 週一至四 10:00~19:00
週五至日 10:00~20:30
內地法定假期 09:30~20:30
交 建議乘的士或自駕

星樂度二期設有珠海橫琴星樂度希爾頓花園酒店，有時網購平台設有五百多元兩大一小的住宿套票，包括住宿、早餐和樂園門票，十分划算，適合選擇以酒店較便宜的珠海為落腳點的遊澳人士。

深海迷宮

深海迷宮是樂園第一個區域，由迷宮、繩網、隧道、障礙物和滑梯組成，在迷宮內可以收集最多 4 個的勇士印章，加上其他區域集齊 10 個勇士印章便可在最後的出口商店換取勇士證書。

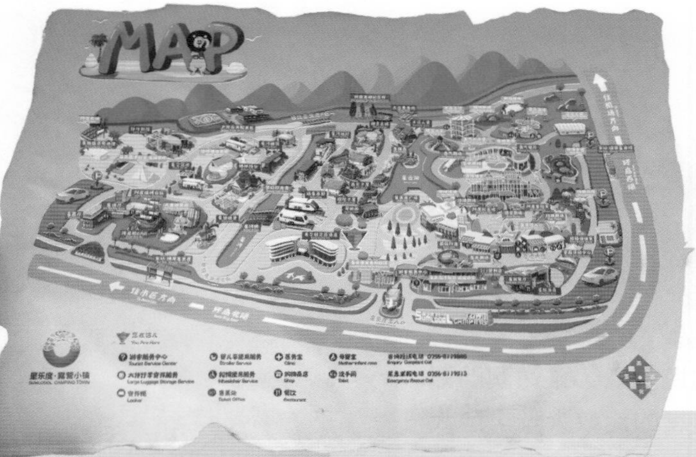
MAP

目前星奇塔無動力世界設有九個主題鮮明的遊樂區，包括：全齡益智迷宮挑戰區 — 深海迷宮、競技探索區 — 水晶之塔、高塔繩網攀爬歷險區 — 瑪雅歷險、賽車競技區 — 環海競速、親子濕身戲水區 — 乘風逐浪、沙灘休閑區 — 珊瑚淺灘、科技互動鞦韆區 — 熒光草原、地形遊戲區 — 瞭望山丘、非濕身戲水區和戲沙遊戲區 — 中心盆地。

星奇塔無動力世界就是指**沒有電力驅動的遊樂世界**，是一個反璞歸真的地方，裏面有很多遊樂設施都是引導人去做出爬、鑽、跳、搖、轉、蕩等動作。建議一個或兩三個家庭結伴前往，可促進小朋友之間的互動，大人亦可以互相幫忙照顧小朋友。相對於一般機動遊戲樂園，這個樂園更**講求團隊合作和互助**，也不會像長隆的宇宙飛船般吹着冷氣有大量工作人員協助導覽，是兩種截然不同的玩法，最適合小朋友來放電。

迷宮劇场

玩的過程我形容為「人間十大酷刑，小朋友的天堂，成年人的地獄」，因為很多迷宮通道是小朋友可以直接通過，但大人需要又鑽又爬才能追得上，玩完後身心俱疲，的確比先進的機動遊戲更具有鍛煉體能的意義，可在安全環境下鍛煉體能的樂園正是這一代人所欠缺的。

瑪雅歷險

瑪雅歷險是結合繩網和高塔的遊戲區，雖然澳門觀音像公園也有類似遊戲，但這裏的比較大型，連大人也能進入，不過相對於小朋友可以在空間內靈活走動，對大人而言還是比較辛苦的。

水晶之塔

園區內對大人比較友好的遊戲，針對青少年至成年人而設，而且是講求高技術、需要戴防護裝備和安全帶的活動，遊玩前需要聽從工作人員講解。這個遊樂設施有點像地盤工人的工作日常，配戴上安全三寶遊走在摩天大樓的工字鐵上，內有不同地形和難度，主要鍛鍊平衡力。玩完回到地面時會有種腳步浮浮的感覺，十分有趣。

環海競速

簡單來說是一個踩四輪腳踏車的活動，沒有電動，全靠人力推動，內有不同地形，如隧道和噴水區域，增加樂趣。

珊瑚淺灘

珊瑚淺灘是模擬海灘的活動區域，可以坐在沙灘椅上休息，或者與朋友踢踢沙灘足球。

園區內亦有定時的表演活動，如跳舞和坐小火車遊園等。

cofe

餐飲篇

星奇塔無動力世界內有勇氣餐廳，亦有小賣亭，但有人認為園內的飲食選擇比較少。其實到達園區後，在檢查門票進場前的星悅大道上還有一個飲食區域，選擇較多，又坐得比較舒適。

北
南
我在星乐度很想你
N 横琴粤澳深度合作区环岛北路108号 S
FASIDO

在遊客服務中心前有 7-11 便利店，可在此補給水、咖啡和食物。

撈丁系列

過了客服中心的大門還有茶餐廳、酸菜魚、茶飲店等選擇，看標價都比澳門的便宜。

阿度酸菜魚
Adol Pickled Fish

BUFFY 小黃鴨茶樓

我們這次選了顏值比較高的 BUFFY 小黃鴨茶樓，價格比澳門一般茶樓要高，接近酒店中餐廳價格，不過這裏不論一壺一碟還是出品都可以見到小黃鴨的蹤影，喜歡的人會很喜歡。

一起来饮茶YA

蝦餃、流沙奶皇包、招牌奶黃包、奶黃馬拉卷都印有小黃鴨的臉，這裏除了鳳爪和牛肉球，無處不是小黃鴨。

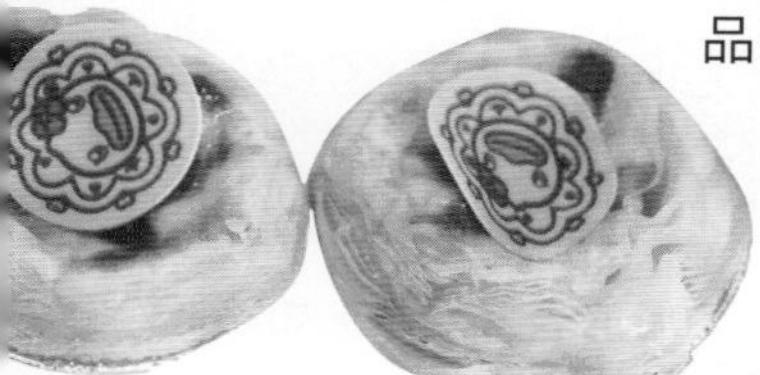

這裏也有葡撻，像不像澳門的葡撻不要緊，小黃鴨不可以沒有。

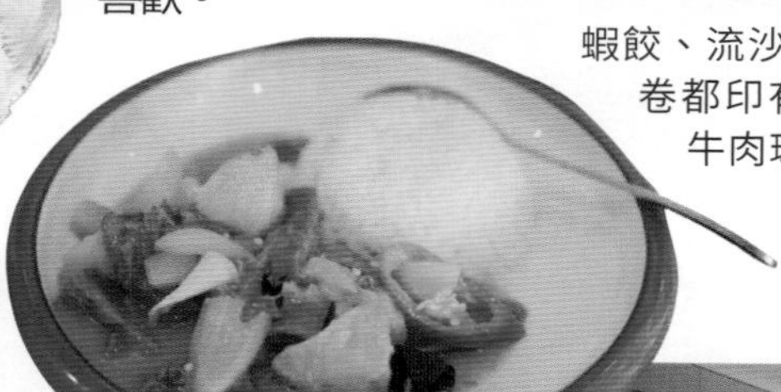

除了點心，還有咖喱牛腩飯等碟頭飯。

勇氣餐廳

勇氣餐廳是樂園內過了驗票處的餐廳，也是設有冷氣和洗手間的休息中心。

勇氣餐廳提供如中式碟頭飯的套餐，有主食、燉湯、小食、飲品和雪糕，選擇蠻多。

不過小朋友好像對足球機更感興趣。

橫琴紅旗村

紅旗村位於橫琴的古村落，也是遊人進入珠海長隆渡假區前的最後一站，與澳門路環市區隔水相望，自古與澳門有各種不解之緣。紅旗村與長隆渡假區相距 2.8 公里，約 7 分鐘的車程；如由紅旗村碼頭沿着環島東路上步行亦可看見長隆渡假區的大拱門，不過從拱門到渡假區需要 40 分鐘的腳程，為節省體力和遊玩時間，還是建議乘車入園。

如果不想在長隆渡假區內用餐，這是最適合搵食的地方。紅旗村的餐飲可分為三類，有橫琴的**海鮮大牌檔**，售賣橫琴蠔等特產海鮮；也有橫琴**小吃步行街**，供應五花八門的小吃。不過以上兩種營業時間比較晚，一般在黃昏後才開始營業，故不在此作詳細介紹。第三類就是紅旗村寶興路上的**茶餐廳或小店**，亦有美式連鎖快餐店、薄餅店和炸雞店。由於紅旗村面積不大，以上三類食肆都可以步行到達，如坐的士可定位在橫琴寶興路。

Coca-Cola
頹記
圓滿 海南鸡饭
FULL HAINANESE CHICKEN RICE
圓滿海南雞

圓滿海南雞 橫琴店

地 珠海市香洲區橫琴鎮天河街 9 號一樓 01 號舖
時 10：30~21：00
交 乘的士定位在橫琴天河街 9 號圓滿海南雞飯

圓滿海南雞之所以為遊人所熟知，多少有賴於其地理位置，因為就在最火紅的頹記茶餐廳旁邊，不少人反映因為頹記要等很久，所以就去吃旁邊的海南雞飯。不過別人給你機會，也要自己接得住，從這裏步行 5 分鐘也有很多家食肆可以選擇，但是它的店面比較乾淨整潔，店員的制服光鮮亮麗帶有東南亞風情，而且他們也很有禮貌，點菜時手機上不了網會主動提供 WiFi，離開時叫車有困難店員也很熱情的協助解決。雖然以上尚未涉及食物的味道，若然紅旗村作為旅客的中轉站，有這種熱誠的店也是不錯的選擇。

店家主打**海南雞飯**，有經典的三款醬料以及嫩滑的海南雞配上油飯，旁邊還附上番茄、小青檸和花生，是此店的特色。

他們也有自家風味的飲品和小食，如加了桂花的**桂花拿鐵**。

斑蘭娘惹糕，娘惹糕流行於馬來西亞、新加坡、汶萊、印尼及泰國南部一帶，主要製作原料為糯米、米、木薯粉等，配合不同植物汁液染色調味，發展出無數種風味。這裏的斑蘭娘惹糕以自家製的斑蘭汁和紫藍色的蝶豆花相間，吃上去有種羊奶芝士的味道。

咖椰吐司，在烤脆的吐司上塗上牛油和斑蘭醬，有種菠蘿油配羊奶芝士的味道。

頴記茶餐廳

這應該是紅旗村最火紅的茶餐廳，沒有之一，特別是在中午飯點前已經客滿。它應該歸類為**新派港式茶餐廳**，為甚麼是港式而不是澳門式呢？因為香港才有茶餐廳，而澳門比較偏向叫咖啡室。至於為甚麼是新派？因為他們的食物都是在茶餐廳的基礎上創新，如腸粉不是加甜辣醬而是用XO醬。

頴記茶餐廳

地 珠海市香洲區橫琴鎮天河街 9 號一樓 02 號舖
時 11:00~20:00
交 乘的士定位在橫琴天河街 9 號頴記茶餐廳

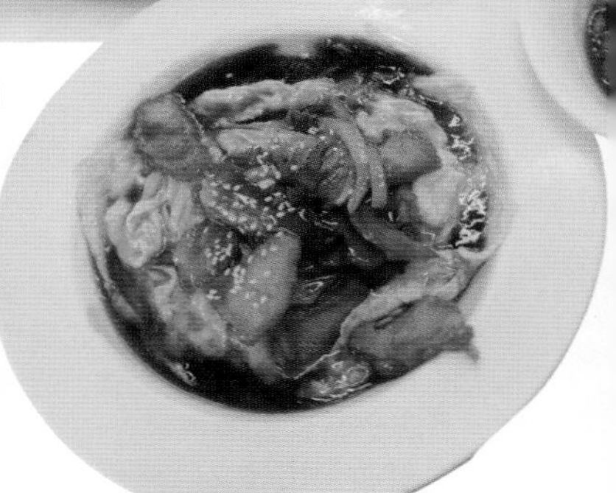

菠蘿包加上雞扒和蛋，看上去整齊企理，菠蘿包皮脆而且挺身，煎雞扒和雞蛋令香脆口感提升，創新同時兼顧層層堆疊的味覺層次。

XO 醬腸粉，以傳統的油紙墊着加入 XO 醬的腸粉，創新亦兼具傳統細節。

滑蛋叉燒飯，水漾的洋葱炒滑蛋很誘人，加上叉燒和自製燒汁，水波蕩漾的效果隔着照片也感受到。或許有人會覺得這個叉燒飯略為油膩，但這浮誇的視覺表現正是這網紅世代所追捧的食法。

頴而不發

東門為長隆宇宙飛船樂園入口，長隆宇宙飛船酒店則在西門，長隆渡假區設有接駁車來往樂園及酒店。

CHIMELONG SPACESHIP

2023 年 9 月

OPEN

長隆宇宙飛船

地 珠海市橫琴新區富祥灣珠海長隆渡假區

時 10:00~18:00

網 www.chimelong.com/zh/

註 在網上平台如携程提前一天購票比當天購買有接近半價優惠，或購買兩大一小的套票等同兩張成人票。選擇住宿飛船酒店也有套餐優惠等。

交 ① 從香港出發：陸路可到達港珠澳大橋珠海口岸，或從港澳碼頭乘船到達珠海九洲港，轉乘的士

② 從澳門出發：從珠海橫琴口岸、拱北口岸或青茂口岸轉乘的士

位於橫琴最大最新的遊樂園莫過於在 2023 年 9 月開幕的珠海長隆宇宙飛船啦！據聞耗資百億，歷時 12 年建造，太空船總長度約 650 米，總建築面積達 40 萬平方米，遊覽路線長達約 5 公里，號稱為世界最大的室內樂園、最大的水族館及最大的室內人造浪等七項世界紀錄。

來到宇宙飛船第一站，首先會見到**宇宙世界**，這裏有種置身太空基地的感覺。每隔一段時間有演出，透過激光投影與天幕穹頂熒幕，以沉浸式體驗升空旅程，不可錯過！

長隆宇宙飛船酒店設有 1,250 間客房，劃分為 6 大海洋主題，住客擁有提早一小時入園遊玩的特殊待遇，有利於觀看早上十點的開園儀式。

長隆宇宙飛船是一個超過 90% 在室內活動的樂園，能提供全天候式的玩樂體驗，不受天氣影響。樂園分為兩層，一動一靜，地面層以教學參觀為主，二樓則為機動遊樂場、演出及購物。一樓及二樓均有各種餐飲，有小吃亭、美食廣場及中高級餐飲。

參觀者不能以去動物園或海洋館的心態參觀。長隆宇宙飛船有意透過最新科技及樂園形式去打造一個保育基地和教育中心。園內生物依地理分佈而分區，創造不同的生活環境，更投入大量人力作導賞和解說。這裏也是全國最大的虎鯨保育基地，就連表演都是以訓練虎鯨回歸大自然為目的。

珠海長隆宇宙飛船共佔兩層，設 15 個主題區域、4 個表演劇場、17 個玩樂設施，集自然生態景觀、珍稀海洋生物展示、趣味科普研學、外太空奇幻場景、沉浸互動演藝、高科技遊樂等各種體驗於一身。

第二站是**亞細亞星球**，介紹從澳門、珠海、橫琴水域以至亞洲各淡水區的魚類，這裏的資源更豐富，介紹更生動，就連活生生的生蠔和彈塗魚都可看到並有詳細介紹，可補足澳門海事博物館對澳門水域生物的知識。

第三站**雨林星球**，可近距離接觸真假動物，包括貓頭鷹、鸚鵡等鳥類，同時亦有雨林生物的電動模型，真亦假時假亦真，十分有趣。

除了飛禽走獸，也有色彩艷麗的熱帶魚。

第四站**峽谷星球**主要展出非洲沿海、河流、瀑布、湖泊等環境的生物，同時亦珍藏了西非的海牛、虎魚、象龜等獨有品種。

峽谷星球內有個以非洲為主題的美食廣場，廣場內各種非洲動物雕像還會不時對話，十分熱鬧。

峽谷星球外有個非洲村的舞蹈演出，這是長隆宇宙飛船極少數的戶外活動之一。不過若想到下一站，請記得返回峽谷星球室內區域，以免迷路。

第五站**星際站台**是擺放多個星際人物雕塑的打卡空間。這裏設有星際劇場，每隔一段時間就有表演活動。

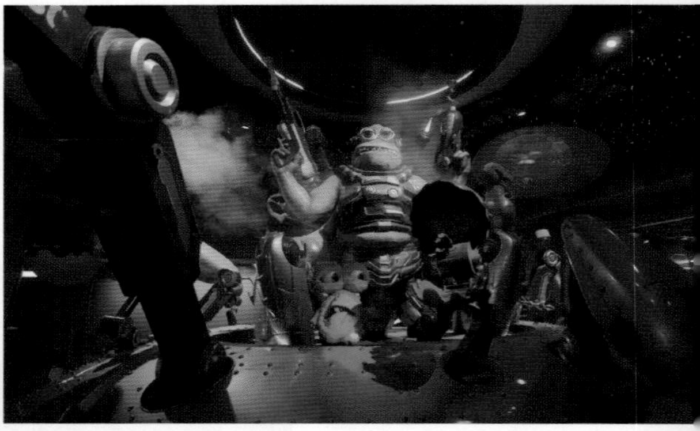

第六站**珊瑚秘境**是展示印度太平洋珊瑚的區域。

除了珊瑚，也設有「珊瑚長老動雕秀」，讓遊人與珊瑚長老對話，傳授海洋保育意識。

第七站**海洋狂想曲**是一個海洋夜繽紛的打卡區域，通過幻想展示擬人化了的海洋夜世界。

Shark Adventure

第八站驚鯊黑洞，設有兩個入口：「恐怖」和「更恐怖」。

COCKTAILS

走進海洋生物酒吧是怎樣的體驗呢？

這裏是海洋巨獸模型的展覽館，比例可能是一比一吧！

双龙戏珠
展演时间

第九站太空龍宮是機械巨龍的表演劇場，兩條巨龍會定時醒來，一決高下。

同區也是鯊魚的展覽館，除了有珍稀的鯊魚品種，亦展示各種珍貴標本。

第十區鯨奇宇宙，是全國最大的虎鯨保育基地。這裏還有大量鯨魚展品，也可以向工作人員請教虎鯨的知識。參觀當天剛巧遇到出生不久的小虎鯨，工作人員向我們解說母鯨是如何在水中餵哺幼鯨。

第十一個區域酷比之旅有點像裸眼 3D 的燈光秀劇場。

第十二個區域就是位於西門的飛船美食廣場，從地面往上兩層都是不同的食肆。

第十三、十四、十五區集中在二樓，分別是宇宙樂園、探索大學堂和星際補給站，其實即是室內遊樂園、虎鯨教學劇場和紀念品購物中心。

當由橫琴口岸來到橫琴，第一個映入眼簾的景點，就是勵駿龐都廣場。

勵駿龐都廣場

地 珠海市橫琴粵澳深度合作區琴政路 38 號
交 從橫琴口岸經地下通道步行，或乘的士定位勵駿龐都廣場

那是不需要任何交通公具，經地下通道步行可達的商圈。它同時是從橫琴口岸可見的最壯麗建築群。

當我第一次看見勵駿龐都的照片時，我和很多人都會第一時間問：「這是山寨版威尼斯人嗎？」後來細心查資料後才發現，這原來是澳門一位很有才華的建築師馬若龍的作品。廣場建築面積達 14 萬平方米，項目耗資約 25 億元，帶有葡萄牙曼努埃爾式建築風格，這種建築風格正是葡萄牙與澳門初遇的時候，我認為馬若龍選取此風格落戶琴澳深合區別具意義而且很合適。

零售商店除了地面層以外基本上沒有，可幸的是商場十分整潔且井然有序，完全沒有廢墟感，只是靜待歲月讓它綻放。

馬若龍（右）是一位很有趣的藝術家，也是我很仰慕的建築師，多年來活躍於澳門文化界參與不同的項目，亦於 1987 年獲授文化功績勳章。

中影国际影城
CGS
BOX OFFICE

設計雖好，可惜生不逢時，勵駿龐都廣場的開幕正值 2019 年底，開幕之後幾年的招商環境大家都可以想像。直至 2024 年初我再次到訪，一半以上的店舖還是空置，頂層只有中影國際影城仍然運作。

這種風格代表着葡萄牙王國最輝煌時期的建築形式，帶有葡萄牙晚期哥德式那種華麗的遺風，亦有大航海時代的異國風情。看看建築上混用了大量的繩索圖騰，有別於威尼斯人的設計風格。這裏的浮雕造工更為立體，而且繩索圖騰更是葡萄牙帆船纜繩的特徵，所以葡式風格強烈且明顯。

商場內亦有澳門知名婚攝品牌進駐，在這個橫琴最華麗的宮殿式婚攝勝地，同時提供專業攝影、禮服和化妝，可謂近水樓台先得月，應該能撈獲不少客人。

順德魚生
招牌

商場內有一兩層食肆仍然運作，有順德菜、潮汕家鄉菜，也有橫琴海鮮、韓式烤肉及火鍋等，據報道 2023 年五一黃金週還帶動了這裏的人流。

說到近水樓台先得月，廣場四周的餐飲應該比商場內的食肆生意更好，廣場上主要是西餐廳和咖啡室，在外面用餐有如置身葡萄牙廣場中，除了那中文餐牌提醒你這裏不是歐洲之外，這裏的氛圍是充滿異國風情的。

Novas Atrações!

澳門 旅遊新情報

2024~25 最新版

著者
Leo@yoliving

責任編輯
蘇慧怡

裝幀設計・排版
鍾啟善

出版者
知出版社
香港北角英皇道 499 號北角工業大廈 20 樓
電話：2564 7511　　傳真：2565 5539
電郵：info@wanlibk.com
網址：http://www.wanlibk.com
　　　http://www.facebook.com/wanlibk

發行者
香港聯合書刊物流有限公司
香港荃灣德士古道 220-248 號荃灣工業中心 16 樓
電話：2150 2100　　傳真：2407 3062
電郵：info@suplogistics.com.hk
網址：http://www.suplogistics.com.hk

承印者
美雅印刷製本有限公司
香港九龍觀塘榮業街 6 號海濱工業大廈 4 樓 A 室

出版日期
二〇二四年二月第一次印刷

規格
16 開（240 mm × 170 mm）

Published and printed in Hong Kong, China by Cognizance Publishing,
a division of Wan Li Book Company Limited.

ISBN 978-962-14-7505-3